# 心理健康教育
# 课堂团体活动手册

张海滨 程 科 著

中国科学技术出版社
·北 京·

图书在版编目（CIP）数据

心理健康教育课堂团体活动手册 / 张海滨，程科著.
-- 北京：中国科学技术出版社，2024.1
　ISBN 978-7-5236-0131-0

　Ⅰ.①心⋯　Ⅱ.①张⋯　②程⋯　Ⅲ.①大学生 – 心理健康 – 健康教育 – 手册　Ⅳ.① G444-64

中国国家版本馆 CIP 数据核字（2023）第 051140 号

| | | |
|---|---|---|
| 策划编辑 | | 李　睿 |
| 责任编辑 | | 李　睿 |
| 图书装帧 | | 中文天地 |
| 责任校对 | | 邓雪梅 |
| 责任印制 | | 徐　飞 |

| | | |
|---|---|---|
| 出　　版 | | 中国科学技术出版社 |
| 发　　行 | | 中国科学技术出版社有限公司发行部 |
| 地　　址 | | 北京市海淀区中关村南大街 16 号 |
| 邮　　编 | | 100081 |
| 发行电话 | | 010-62173865 |
| 传　　真 | | 010-62173081 |
| 网　　址 | | http://www.cspbooks.com.cn |

| | | |
|---|---|---|
| 开　　本 | | 787mm×1092mm　1/16 |
| 字　　数 | | 200 千字 |
| 印　　张 | | 11.5 |
| 版　　次 | | 2024 年 1 月第 1 版 |
| 印　　次 | | 2024 年 1 月第 1 次印刷 |
| 印　　刷 | | 北京荣泰印刷有限公司 |
| 书　　号 | | ISBN 978-7-5236-0131-0 / G・1009 |
| 定　　价 | | 49.80 元 |

（凡购买本社图书，如有缺页、倒页、脱页者，本社发行部负责调换）

# 前　言

大学生作为接受高等教育的群体，在追求自我表达和现实成功的过程中，往往比同龄人有更高的精神成长需求，生活压力也更大。中国疾病预防控制中心的调查表明，全国大学生中有16%~25.4%存在焦虑、神经衰弱和抑郁情绪等心理困扰。黄希庭等人对全国5058名大学生进行心理健康服务需求调查，结果显示大学生群体对心理健康服务有明确的需求，其中71.2%的大学生希望学校心理中心提供心理健康服务；在服务内容方面，91.8%的大学生希望获得人际关系调适方面的帮助。由此可见，开展高校心理健康教育十分必要。

团体心理辅导主要是运用团体的教育和发展动能，通过团体活动或者讨论，预防个人或人际的困扰问题。自20世纪90年代以来，我国的团体心理辅导获得快速发展，经历了导入期、探索期，现正处于专业化发展阶段。近年来，团体心理辅导多应用于以发展性为目标的大学生群体。如唐海波等人研究发现，采用团体心理辅导能够有效提升大学生的情绪智力；邓彩艳和段永的研究表明，团体心理辅导在改善民办高校大学生的人际关系方面有显著效果；何浩宇等人针对团体心理辅导干预我国大学生心理健康效果的Meta分析的研究表明，团体心理辅导能够有效改善大学生的心理健康水平。

本书所指的团体心理辅导主要以教育性团体为主，是将团体辅导应用于心理健康课程教学的活动设计，也适用于心理健康相关的社团和培训活动。课程团体活动主要采用的是结构式团体设计，以教师（培训师）为团体领导者，聚焦学生在校期间心理层面的发展性问题，重点发挥团体的心理教育功能。书中列出的所有团体方案都是笔者及所在的西南民族大学教学团队多年大学生心理健康教育课程活动的经验总结，其中部分设计方案还来自笔者为本校应用心理学专业所进行的学校心理健康教育课程辅导中学生的自主设计和课堂活动练习。

感谢台北教育大学的赖念华教授，本人团体设计中使用的表达性艺术治疗的技术，主要得益于赖老师的悉心教导。感谢我的同事陈秋燕教授等人，本书在撰写和出版过程中得到了他们的大力支持和协助。感谢我的同事程科副教授，本书主要由她撰写完成。

张海滨

2023年9月于西南民族大学博识楼

# 目 录
CONTENTS

**专题一　校园生活与心理适应 / 001**

　　一、适应与心理健康 / 001

　　　　（一）校园适应 / 001

　　　　（二）心理健康 / 003

　　　　（三）学生的心理健康问题 / 005

　　二、团体设计 / 006

　　　　（一）团体理论 / 006

　　　　（二）团体目标 / 007

　　　　（三）注意事项 / 007

　　三、团体辅导实施 / 008

　　　　（一）适应新环境 / 008

　　　　（二）探索心理健康 / 010

　　　　（三）创建健康班级氛围 / 014

**专题二　完善自我与健全人格 / 017**

　　一、学生自我发展的现状和问题 / 017

　　　　（一）自我概念的内涵 / 017

　　　　（二）自我冲突与自我接纳 / 019

　　　　（三）塑造健全人格 / 020

二、团体设计 / 022
　　（一）团体理论 / 022
　　（二）团体目标 / 025
　　（三）注意事项 / 025
三、团体辅导实施 / 025
　　（一）自知者明 / 025
　　（二）接纳自己 / 028
　　（三）人格百态 / 032
　　（四）整合自我 / 035

## 专题三　人际交往与沟通艺术 / 039

一、学生时代的人际交往 / 039
　　（一）人际交往的影响因素 / 039
　　（二）人际交往中的认知偏差和心理障碍 / 041
　　（三）人际边界与心理健康 / 044
　　（四）人际沟通的 TA 分析 / 046
二、学习人际交往技巧 / 048
　　（一）利他、感恩、宽恕 / 048
　　（二）学会沟通和赞美 / 050
　　（三）人际冲突管理 / 052
三、团体设计 / 054
　　（一）团体理论 / 054
　　（二）团体目标 / 057
　　（三）注意事项 / 058
四、团体辅导实施 / 058
　　（一）交朋识友 / 058
　　（二）克服人际自卑 / 060

（三）人际沟通 / 062

## 专题四　爱情与性心理健康 / 067

一、学生时代的恋爱 / 067
（一）恋爱与异性交往 / 067
（二）学会独处 / 071

二、团体设计 / 073
（一）团体理论 / 073
（二）团体目标 / 075
（三）注意事项 / 075

三、团体辅导实施 / 075
（一）探索异性交往 / 075
（二）认识爱情 / 078
（三）健康安全的性 / 079

## 专题五　情绪管理 / 083

一、学生时代的情绪与压力 / 083

二、应对挫折，把握幸福 / 087

三、团体设计 / 093
（一）团体理论和技术 / 093
（二）团体目标 / 097
（三）注意事项 / 097

四、团体辅导实施 / 097
（一）认识情绪 / 097
（二）与挫折为伴 / 101
（三）压力管理 / 105

## 专题六　学业管理与生涯规划 / 109

一、学习倦怠 / 109

二、学生生涯规划 / 112

三、时间管理 / 115

四、团体设计 / 118

（一）团体理论 / 118

（二）团体目标 / 121

（三）注意事项 / 122

五、团体辅导实施 / 122

（一）学业管理 / 122

（二）生涯规划 / 127

（三）打败拖延 / 131

## 专题七　认识心理疾病 / 135

一、学生的心理异常 / 135

二、预防网络和手机依赖 / 136

三、团体设计 / 139

（一）团体理论 / 139

（二）团体目标 / 140

（三）注意事项 / 140

四、团体辅导实施 / 141

（一）心理疾病与健康维护 / 141

（二）手机、网络、游戏依赖 / 146

## 专题八　生命教育 / 153

一、生命教育的界定 / 153

二、生命特质和意义追寻 / 155

三、团体设计 / 158
    （一）团体理论 / 158
    （二）团体目标 / 161
    （三）注意事项 / 161

四、团体辅导实施 / 161
    （一）我的生命观 / 161
    （二）生命价值 / 166
    （三）寻找幸福 / 167

**参考文献** / 171

# 专题一
# 校园生活与心理适应

## 一、适应与心理健康

### （一）校园适应

在这个日新月异且充满竞争的时代，适应是很重要的一种能力。人们的生活环境处于不断的变化中，因此每个人都需要学习如何适应这种变化，以及由此给自身提出的新要求。从这个意义上说，适应是一种基本需求，是人的一生中随时都要面临的任务，也是人应当具备的一种基本素质。适应一词来源于生物学，而在心理学的范畴里，对社会生活环境的适应，包括为了生存而使自己的行为符合社会要求的适应和努力改变环境以使自己能够获得更好发展的适应。

让·皮亚杰认为，从生物学角度说，智慧的本质就是一种适应。它既可以是一个过程，也可以是一种状态，是我们对外部变化所做出的一系列自我调节的过程，其最终目的是适应环境变化。有机体是在不断运动变化中与环境取得平衡的，它可以概括为两种作用：同化和顺应。适应状态则是这两种作用之间取得相对平衡的结果。这种平衡不是绝对静止的，某一个水平的平衡会成为另一个水平的平衡运动的开始。如果机体与环境失去平衡，就需要改变行为以重建平衡。这种平衡—不平衡—平衡……的动态变化过程就是适应，也是儿童智慧发展的实质和原因。在不断适应的过程中，儿童的各方面能力都得到了发展。这种发展理论体现了建构主义的思想，即把认知发展看作儿童通过亲身经验和相互作用而主动地建构意义系统、建构对现实的理解过程。

　　人在遇到新情境时，要么改变环境使之适合自己的需要，尝试去解决问题使之符合自身的态度；要么接受情境，通过改变自己的态度、行为，接受和遵从新情境的社会规范和准则，主动地做出与社会相符的行为。在这个过程中，人往往会产生心理防御机制来掩盖由新情境的要求和个体需要的矛盾产生的压力和焦虑。精神分析学家西格蒙德·弗洛伊德认为，心理防御机制是为了缓解心理矛盾、消除焦虑的一种无意识的心理反应。而在人格障碍、情感障碍以及神经症患者身上，往往表现为不成熟或者神经症性防御机制，如被动攻击、见诸行动、非精神病性投射、防御认同、压抑、置换、退行、隔离、反向形成、抵消、合理化等。

　　适应对于刚入校的学生而言至关重要。面对全新的环境、新的校园、新的同学，学会适应和融入可能需要一段过程。特别是对于离开家庭开始住校生活的学生而言，由于之前的生活大多由父母包办打理，现在的生活变化无疑会非常大。没有了父母、长辈的悉心照料，许多事情要开始学会独自处理，这对于大部分长期依赖父母的学生来说可能会难以习惯。狭小的寝室要同住几个生活习惯不同的人，几乎没有什么私人空间，室友之间难免因为生活习惯不同而发生矛盾，甚至发生冲突。同时，全新的课程带来全新的挑战，随着年级的提升，更多学习内容需要学生自主学习，这就需要更好的自控能力和更强的学习能力，学习如何有效地利用学校资源，提升学习的有效性和针对性。如何尽早熟悉新学校的自然和人文环境，学习自理，养成适应新生活的好习惯，并且开始应对新的学业挑战，与老师同学们保持有效的联系和沟通，理解和应对寝室里的思想差异、生活方式差异，融入新班级的人际关系，是摆在新生面前的头等大事。

## （二）心理健康

一个完善的"社会人"的健康需要"三驾马车"支撑，它们分别是健康的身体、健康的心理及良好的社会适应能力。一般来说，心理健康是指精神卫生、身心健康、精神保健等。世界卫生组织（WHO）强调：健康是生理的、心理的和社会适应的完美状态，而不仅是没有疾病和缺陷。

**1. 马斯洛对心理健康的定义**

人本主义流派的心理学大师马斯洛认为，心理健康包括以下方面。

（1）了解并认识现实，持有较为实际的人生观。

（2）悦纳自己、别人及周围的世界。

（3）在情绪与思想的表达上较为自然。

（4）有较广阔的视野，就事论事。

（5）能享受自己的私人生活。

（6）有独立自主的性格。

（7）对平凡事物不觉厌烦，对日常生活永感新鲜。

（8）在生命中曾有过引起心灵震撼的高峰体验。

（9）爱人类，并认同自己为全人类的一员。

（10）有至深的知交，有亲密的家人。

（11）有民主风范，尊重别人的意见。

（12）有伦理观念，能区别手段与目的。

（13）带有哲学气质，有幽默感。

（14）有创见，不墨守成规。

（15）世俗，和而不同。

（16）对生活环境有改造的意愿和能力。

### 2. 杰哈塔对心理健康的定义

在人格心理学和临床心理学领域，美国心理学家杰哈塔对心理健康的定义也得到了广泛的认可，他提倡一种"积极的精神健康"，包括以下六个方面。

（1）自我认识的态度。心理健康的人，能对自我做出客观的分析，对自己的体验、感情、能力和欲求等做出正确的判断和认知。

（2）自我成长、发展和自我实现的能力。心理健康的人心态绝不会是消极的、厌世的，会努力去实现自己内在的潜能，自强不息，遇到挫折也会成长起来，去追求人生真正的价值。

（3）统一、安定的人格。心理健康的人能有效处理内心的各种能量，这是指内心不产生矛盾和对立，能保持均衡心态。他对于人生有一种统一的认知态度，当产生心理压力和欲求不满时，有较高的抗压力及较强的忍耐力。

（4）自我调控能力。对于环境的压力和刺激，能保持自我相对的稳定，并具有自我判断和决定的能力。不依附或盲从他人，善于调节自我，果断地决定自己的发展方向。

（5）对现实的感知能力。心理健康的人，在现实生活中不会迷失方向，能正确地认知现实世界，判断现实。

（6）积极改善环境的能力。心理健康的人，不会受环境的支配和控制，而是顺应环境、适应环境，并积极地改善环境，使之更适应人的生存。而且能在这样的环境中，热爱人类，适当地工作和游戏，保持良好的人际关系，并有效率地处理、解决问题。

### 3. 学生心理健康标准

（1）自我认识：能保持正确的自我意识，悦纳和完善自己。

（2）求知欲望：能保持对学习较浓厚的兴趣和求知欲望。

（3）情绪稳定：能协调与控制情绪，情绪稳定性好。

（4）人格统一：能保持完整统一的人格品质，不自相矛盾。

（5）适应环境：能保持良好的环境适应能力，包括正确认识环境及处理个人和环境的关系。

（6）人际和谐：能保持和谐的人际关系，乐于交往和融入人群。

由此可见，心理健康就是指人的内心世界与客观环境的一种平衡关系，是自我与他人之间的一种良好关系的维持，不仅能获得和确保自我安定感，还具有能自我实现的能力。

## （三）学生的心理健康问题

姚本先认为，学生心理健康问题是指学生在成长和发展过程中，由于其生理机能失调、环境适应不良等导致的心理与行为上的矛盾、冲突、困扰、麻烦及障碍等。心理问题根据其严重程度可分为发展性心理问题、轻度心理问题和重度心理问题。

### 1. 发展性心理问题

大多是由心理发展水平低、适应不良、突发性事件以及遭受挫折等因素所引起。事实表明，多数大学生遇到的都是发展性心理问题，如新环境适应问题、异性交往问题、性心理问题等。这些问题若不能妥善地解决，就会导致轻度心理问题，甚至是重度心理问题。

### 2. 轻度心理问题

主要是指神经症、轻度的人格异常和性心理障碍等，主要是由于心理负担过重、心理长期处于紧张状态或受到某种强烈刺激所致。

### 3. 重度心理问题

主要是指病态人格和精神病，表现为心理活动与行为紊乱，缺乏自知力，且一般持续时间较长，形成原因比较复杂。

学生的心理问题大多为发展性问题。首先，繁重的学习、激烈的竞争等压力，使学生的情绪常常处于紧张状态，尤其是青年阶段的大学生，容易受到抑郁、焦虑、狂热等情绪的困扰。其次，学生的主导活动是学习，虽然多数学生能承受繁重的学习任务，顺利地完成学业，但也有相当数量的学生经受着厌学、分神等学习困扰，以致影响了正常的学习生活。再次，学生的学习、生活等活动都是在与他人的交往中实现的，人际交往直接影响着学生的学习、生活质量，乃至身心健康。学生中常见的人际适应问题包括冷漠、嫉妒、敌对、单相思等。最后，个别学生存在着人格缺陷。人格缺陷是介于正常人与人格障碍之间的一种人格状态，表现为人格发展的不良倾向。在学生中常见的人格缺陷有暴躁、偏执、孤僻、空虚、自卑、狂妄等。

# 二、团体设计

## （一）团体理论

"社会适应"一词最早由赫伯特·斯宾塞提出。指个体逐渐接受现有社会的道德规范与行为准则，对于环境中的社会刺激能够在规范允许的范围内做出反应的过程。社会适应对个体有着重要意义。如果一个人不能适应社会，就会产生对所处环境中的一切格格不入的心理状态，久而久之，容易引起心理问题。人类可以通过语言、风俗、法律及社会制度等的控制，使自己与社会相适应。

心理学家库尔特·勒温根据物理学中场的研究，提出心理场和心理生活空间的概念。他认为，人的心理现象具有空间的属性，人的心理活动也是在一种心理场或生活空间中发生的。按照勒温的说法，人的生活空间可以分成若干区域，各区域之间都有边界阻隔。个体发展的心理过程实质就是生活空间各个区域的不断丰富和分化。一个人的行为取决于个人和环境的相互作用，也就是说，行为取决于个体的生活空间。依据这一原理，团体心理辅导中，每个身处团体中的个体都有机会在安全的人际互动里得以将早年关系模式重现，冲突和情感外化在团体中，通过成员之间的互动、反馈、回应，来探索内心的愿望、冲突、情感背后的意义，达到自我探索、自我接纳、人格整合，获得修通。

适应分为生理适应、心理适应、社会文化适应和技术性适应。生理适应是指个体通过调整身体的生理功能来适应外界环境的变化。心理适应是指个体在经受心理刺激时通过调整自己的认识、态度和情绪等来应对，以减轻心理上的焦虑与不安，恢复心理平衡。社会文化适应是指调整个人行为，使之与各种不同的群体的信念、习俗及规范相协调。技术性适应是指人们利用掌握的各种技术改变或控制周围环境中的各种应激源，以减少其对人体的伤害。团体心理辅导可以利用团体活动，将适应中出现的问题聚焦，利用团体成员之间的互动，促进个体调整自己的认识、态度和情绪，学习适应的行为技巧，达到个体和环境的平衡。

## （二）团体目标

团体的目标可能有以下五种。

（1）引导成员自我探索、自我表露，学会在他人面前真诚。

（2）了解他人，协助成员体悟到彼此的不同，进而接纳、尊重他人。

（3）探索自己的人际圈子，发现自己目前人际交往中的优势和不足。

（4）针对环境适应的方法加以讨论、澄清，以加快对新环境的适应。

（5）练习沟通及其他人际间的有效行为与技巧。

## （三）注意事项

团体的注意事项有以下几点。

（1）团体每次选择一位小组长组织活动，做好预备工作。

（2）告诉学生在活动过程中，可以按照自己的想法分享自己愿意分享的部分，而不是必须什么都说出来。

（3）强调小组内成员不要评价、批评和分析其他人员，对别人讲的故事要保密。

（4）每次活动结束后，指导教师要进行简短的总结。

# 三、团体辅导实施

## （一）适应新环境

### 1. 目标

（1）激发小组成员对彼此的兴趣。

（2）促进成员打破组内局限，鼓励他们与其他小组交流，以达到适应的目的。

### 2. 方案一

| 活动名称 | 活动过程 | 活动目标 |
| --- | --- | --- |
| 分组 | 通过大风吹的游戏，将学生每5~6个人分为一组，例如：教师说"大风吹，吹长头发的人"，则所有长头发的人必须起身换一个座位。几轮游戏之后打乱原来所有位置，随后按照座位分组<br>（约4分钟） | 将大班分为几个小组，同时通过趣味活动让学生之间产生联结 |
| 我是谁 | 小组围成圈，先搞清楚坐在两旁人的名字。由其中一人开始，说自己的名字两次，然后再叫另一人的名字。被叫到的人两边的人必须马上说："嘿哟！嘿哟！"同时做出划船的动作。接着再由被叫到的人叫别人的名字，直到有人做错。<br>注意：可以先进行所有人的自我介绍，再开始这个游戏<br>（约6分钟） | 激发小组成员乐趣，让成员放松，并且让小组成员间有更多的相互了解，以获得更多的安全感 |
| 松鼠与大树 | 每组选3个代表，分别扮演爸爸、妈妈和孩子。游戏规则是，每组组成一个家庭，当老师说"妈妈出门旅游啦"时，每一组的"妈妈"需要交换位置，说到"爸爸出门上班了"及"孩子去上学了"时，同理。当老师说到"地震了"，三名家庭成员都需要重组。指导教师可以先示范游戏规则，使得同学们更加理解游戏。然后小组成员开始活动，结束后问同学们的感受，在游戏过程中与别的小组成员有没有交流，在游戏的过程中有没有什么收获<br>（约15分钟） | 通过动作表达，突破自我局限。同小组的同学已经开始熟悉，但是与其他小组并没有什么沟通，所以通过游戏与其他小组有更多交流 |

续表

| 活动名称 | 活动过程 | 活动目标 |
| --- | --- | --- |
| 分享 | （1）在这个活动过程中你有什么样的感受和发现，对于周围同学有没有一些新的理解和感受；<br>（2）来到这个新学校（班级）时，你有些什么样的担心和期待<br>（约10分钟） | 分享自己的感受，让小组成员互相讨论如何适应新的环境 |
| 教师总结 | （1）新生适应中常见的心理问题；<br>（2）如何克服适应不良；<br>（3）如何快速融入班级团体。<br>举例，美国学者布吉林教授等人曾经提出在人际交往中成为受欢迎的人的"三A"法则：<br>第一个A——接受对方；<br>第二个A——重视对方；<br>第三个A——赞美对方<br>（约15分钟） | 点明在新环境中适应的重要性，并指导学生学会应对方式 |

### 3. 方案二

| 活动名称 | 活动过程 | 活动目标 |
| --- | --- | --- |
| 分组 | 通过循环报数给学生分组，每组5~8人，每个成员用一句话介绍一下自己<br>（约5分钟） | 将班级同学分为小组 |
| 搭桥传球<br>（第一轮） | 道具是每人一张A4纸，每组一个乒乓球和一个纸杯。要求小组利用纸张作为桥梁，把乒乓球从第一个成员开始，传递一轮后回到起点，并使其落入纸杯。<br>规则有三条：①每组用A4纸搭一座桥，不能有折痕；②纸和杯子的距离不能小于20厘米；③如果球中途掉落就要从头开始。<br>活动过程中不能讨论交流，活动结束后再组织小组讨论，主题是"怎样才能做得更快更好"<br>（约8分钟） | 激发小组成员活力，并通过活动让学生彼此更加熟悉 |
| 搭桥传球<br>（第二轮） | 规则改变：①全程不能用语言交流；②纸与杯子的距离增加到25厘米；③纸与纸重叠的部分最多只有四分之一。<br>结束后小组内讨论两个问题：第二轮与第一轮有什么不一样的地方？在刚才不能说话的时候，你的体验是什么？<br>讨论结束后，从每组选出一个代表在全班进行分享，教师针对分享中每一种感受在班里询问"是否有人与这位同学感受相同？请举起手来。"由此促进班级成员更多的联结<br>（12分钟） | 第二轮活动，正式进入主题，引导同学们进行思考和感受 |

续表

| 活动名称 | 活动过程 | 活动目标 |
|---|---|---|
| 小组内分享 | （1）在这个活动过程中，你有什么样的感受和发现，对于你自己有没有新的理解和感受？<br>（2）别人的分享中最触动你的部分是什么？请你告诉这个组员<br>（约10分钟） | 通过分享感受，让小组成员加深相互了解，并且看到彼此的相似和不同 |
| 教师总结 | （1）心理场如何影响到人的行为；<br>（2）如何利用人际互动更快适应环境挑战<br>（约15分钟） | 点明当环境中有挑战冲突时，如何适应 |

# （二）探索心理健康

## 1. 目标

（1）了解学生对心理健康的一般认识。

（2）了解应对心理问题的方法。

（3）学习心理健康的定义和内涵。

## 2. 方案一

| 活动名称 | 活动过程 | 活动目标 |
|---|---|---|
| 热身活动：手指操 | 用手指活动，一边做一边念："来学习嘿！来交流嘿！心理健康很重要嘿！"每轮不断加速，引起学生注意力高度投入<br>（5分钟） | 引入心理健康话题，协助学生开始自主探索心理健康的内涵 |
| 小组内讨论 | 什么情况下可以判断一个人的心理是否健康？以小组为单位将讨论结果记录下来。<br>每个小组选择一个发言人，代表小组向全体成员介绍本组讨论结果。<br>要求：前一个小组提到过的，后一个小组不能重复<br>（5分钟） | |
| 头脑风暴 | 当觉察到自己或者身边同学的心理可能需要帮助时，可以采取的应对措施有哪些？要求：尽可能多地罗列出能力范围内的行动措施，并选择一个代表在班级里介绍本组讨论结果，同样要求前一个小组提到过的，后一个小组不能重复<br>（10分钟） | 协助学生梳理健康的问题应对方式 |

续表

| 活动名称 | 活动过程 | 活动目标 |
|---|---|---|
| 画出期望 | 听完每个小组的分享后，你获得了哪些启发，带着这些启发，请选择舒服的表达方式，在A4纸（或者每个小组一张大白纸）上画出自己对健康学习、生活的期望。<br>画完后，小组内分享自己的期望有哪些，注意互相不评价、不建议、不分析<br>（15分钟） | 通过艺术表达，激发学生对心理健康的期望 |
| 教师总结 | （1）简单介绍心理健康的概念；<br>（2）马斯洛的10项心理健康标准；<br>（3）心理亚健康的表现；<br>（4）学会应对<br>（15分钟） | 教学指导 |

### 3. 方案二

| 活动名称 | 活动过程 | 活动目标 |
|---|---|---|
| 导入 | 青蛙的故事：<br>从前，有一群青蛙组织了一场攀爬比赛，比赛的终点是一座非常高的铁塔的塔顶。一大群青蛙围着铁塔看比赛，给比赛的青蛙加油。<br>比赛开始了。老实说，群蛙中没有谁相信这些小小的青蛙会到达塔顶，它们都在议论："这太难了！它们肯定到不了塔顶！""它们绝不可能成功的，塔太高了！"<br>听到这些，一只接一只的青蛙开始泄气了，除了那几只情绪高涨的还在往上爬。群蛙继续喊叫："没有谁能爬上塔顶的！"越来越多的青蛙退出了比赛。但有一只却还在爬，而且越爬越高，丝毫没有放弃的意思。最后，其他所有的青蛙都退出了比赛，除了这一只，它费了很大的劲，终于成为唯一一只到达塔顶的胜利者。<br>很自然，其他所有的青蛙都想知道它是怎么成功的。有一只青蛙跑上前去问那个胜利者："你哪来那么大的力气和信心跑完全程？"胜利者却一直不说话。<br>最后大家才发现，原来那个胜利者是个聋子<br>（2分钟） | 通过故事引起学生的兴趣，引入适应困难的主题 |
| 小组讨论 | （1）是什么让青蛙的行为有所不同？<br>（2）胜利者之所以胜利，竟然因为它是个聋子，这给了我们什么启发？<br>（5分钟） | 通过组内讨论，展现不同学生的想法和感受，帮助学生相互了解 |

续表

| 活动名称 | 活动过程 | 活动目标 |
|---|---|---|
| 画说健康心态 | 指导语：现在我们每个人都变成了小青蛙，从开学开始，我们好像也在爬一座高塔，这个过程漫长而且充满各种挑战，也一定会遇到各种不同的问题。现在，每个人一张A4纸，请用笔在纸上画出目前在这个学校遇到的各种问题或者困难，注意这并不是一个绘画比赛，而只是一次个人表达。你可以选择合适的颜色、线条或者形状绘画。<br>画完后，每个人把自己的画放在小组里，大家不说话，只是相互观察彼此的画作<br>（10分钟） | 运用绘画方式降低内心防御，促进学生真实感受的表达 |
| 小组分享 | （1）请每个人在小组内谈谈绘画过程中自己内心的感受，以及在学校新环境中遇到的问题；<br>（2）结合青蛙的故事，小组讨论一下遇到各种适应困难时，应该如何保持自己健康的心态。<br>教师随机挑选一两个小组代表进行发言<br>（8分钟） | 通过小组分享，发现适应问题的普遍性和特殊性，并表达自己的内心感受 |
| 脑力激荡 | 各个小组在6分钟内一起想出保持健康心态的小妙招，要求方法越多越好，但必须是具体且切实可行的方法。<br>每组选择一名代表，在班级里把小组讨论的结果做一个介绍，后面小组的发言不能重复前面小组的内容<br>（10分钟） | 通过小组之间的竞争，激发学生解决问题的积极性，群策群力，找到维护心理健康的各种方法 |
| 教师总结 | （1）学生常见的心理问题有哪些；<br>（2）如何从积极角度看待心理问题；<br>（3）总结维护心理健康的方法<br>（15分钟） | 利用积极心理学理论帮助学生重新审视心理健康的问题，学会用积极的方式应对困难 |

## 4. 方案三

| 活动名称 | 活动过程 | 活动目标 |
|---|---|---|
| 导入 | 介绍一个案例：一大学生在期末考试的课程补考中有作弊行为，被监考老师发现并没收其试卷，学生离开考场，不久就不幸发生坠楼事件。监控显示该学生曾在考场外痛哭近20分钟。有调查数据显示，大学生的自杀率为同龄其他人口的2~4倍，已成为大学生非正常死亡的主要原因，有10.7%的大学生表示遭遇挫折时想到用结束生命的方式来解决。<br>教师提问：听完这个报道，同学们有什么想法或者感受？<br>（5分钟） | 激发学生对心理健康话题的兴趣，认识心理健康的重要性 |

续表

| 活动名称 | 活动过程 | 活动目标 |
|---------|---------|---------|
| 介绍理论 | 介绍心理问题和心理健康的概念。<br>清华大学樊富珉教授提出学生心理健康的七个标准：①能保持对学习较浓厚的兴趣，有求知欲望；②能保持正确的自我意识，接纳自我；③能协调与控制情绪，保持良好的心境；④能保持和谐的人际关系，乐于交往；⑤能保持完整统一的人格品质；⑥能保持良好的环境适应能力；⑦心理行为符合年龄特征。<br>教师提问：在学校生活中，我们可能会遇到哪些心理问题？介绍心理问题的常见类别并举例说明<br>（10分钟） | 介绍学生可能面临的一些心理问题，让同学们正视、了解问题 |
| 心理困惑自我反思 | 制作《心理困惑自我反思表》。<br>每位同学拿出一张纸和一支笔，将纸十字折叠，分成四个部分，每个部分按以下要求填写内容。<br>第一部分：列举目前你有哪些心理困扰或者烦恼；<br>第二部分：给你当前的心理困扰严重程度打分（0-10分）；<br>第三部分：这些困扰给你带来的影响有哪些？<br>第四部分：你觉得目前比较容易解决的问题有哪些？如何解决？<br>（10分钟） | 让大家更加深入地思考自己的心理困扰，启发解决问题的反思 |
| 小组讨论 | （1）请学生组成4~6人的小组，分享表中的第一和第三部分（教师提醒：大家要收好自己的表格，也不要去看别人的表格；大家可以选择性地分享，分享你愿意和别人讨论的心理问题，注意不要去比较和评论他人）；<br>（2）这些问题中有什么共性？小组一起讨论第四部分，看看如何才可以积极面对问题，解决生活烦恼<br>（15分钟） | 让同学们了解学校阶段心理困扰的共性 |
| 总结分享 | 邀请一些小组代表分享一下大家当前面临的心理困扰体现在哪些方面？可以如何解决？<br>（5分钟） | 综合整理当前大学生面临的心理困扰的主要方面，引起共鸣 |
| 教师总结 | 学生心理困扰主要集中在学校适应、学习态度、就业方向、朋友关系、工作关系、家人关系、恋人关系等，主要是发展性的心理问题，可以通过自我调适、人际沟通、生涯规划及心理辅导等方式解决<br>（5分钟） | |

## （三）创建健康班级氛围

### 1. 目标

（1）促进学生之间相互了解。

（2）共同讨论理想班级氛围。

（3）健康班级的共同约定。

### 2. 方案一

| 活动名称 | 活动过程 | 活动目标 |
| --- | --- | --- |
| 热身游戏：找名字 | 材料：每组一份报纸、一个透明胶、一张纸。<br>（1）听到组长的信号，就开始在报纸上寻找组内所有成员姓名的文字，撕下，贴在纸上；<br>（2）时间到，看哪组有最多完整组员名字，就算胜利<br>（10分钟） | 通过记名字的方式让学生迅速熟悉同组成员，建立团队意识 |
| 神秘圣诞老人 | 材料：准备三份小礼物。<br>（1）教师先在全班秘密选出三位"圣诞老人"；<br>（2）教师向全班宣布：有三位圣诞老人来到我们当中，凡第七个与任何一位圣诞老人握手的同学，就可得一份礼物；<br>（3）全班同学踊跃找人握手，都希望自己是与圣诞老人握手的第七个人；<br>（4）游戏结束，三位圣诞老人上台，圣诞老人将礼物送给第七个和他们握手的人。<br>注意：每次只有一位圣诞老人出来送礼物，每人只能得一次礼物<br>（10分钟） | 让学生主动接触新同学，适应新环境，并意识到如果自己愿意迈出第一步，其实可以交到很多新朋友 |
| 班级畅想 | 6~8人一组，在小组中分享自己心目中理想的班级是什么样的，以及如果要实现这个想法，班级中应该有什么样的共同约定。将形成的约定以小组为单位记录在纸上，并在全班分享<br>（15分钟） | 通过讨论，形成班级规约 |
| 总结分享 | 请成员分享在这个活动过程中的感受和发现，对于班级新的理解和感受<br>（10分钟） | 通过分享自己的感受，进一步加强班级成员之间的联结 |
| 教师总结 | 如何建立健康的班级氛围；班级形成的重要约定有哪些<br>（5分钟） | 点明班级氛围和规约的重要性 |

## 3. 方案二

| 活动名称 | 活动过程 | 活动目标 |
| --- | --- | --- |
| 撕纸游戏 | （1）小组坐成一圈，给每个人发一张白纸。教师宣布让大家闭眼，并按照语言指示对白纸进行几次对折，然后撕一个角，大家睁开眼睛将被撕的纸张打开，互相对比看看有什么样的不同；<br>（2）小组分享，为什么在同样的指令下，大家最后的作品会不一样？<br>（3）生活中，当大家想法不一致的时候，我们应该如何看待？<br>（10分钟） | 通过游戏，让学生理解每个人都有自己的想法，我们不能把自己的观点强加于人 |
| 信任之旅 | 两人一组，其中一名同学要遮住眼睛，另一个同学负责保护，要在遮挡前交代他们之间无声沟通方式，然后开始以两人小组为单位在教室里行走，直行或者转弯，地面上可以适当放置几个小障碍物，负责保护的同学要运用无声沟通方式保证遮住眼睛的同学不会撞到其他小组同学，也不要撞倒障碍物。其他同学注意观察，不能说话提醒，看哪个小组先到达目的地<br>（15分钟） | 让学生增加接触和交流，同时也考察双方的交流沟通能力，让大家懂得如何随机应变，在困难的条件下完成任务 |
| 班级畅想 | 在小组中分享，在同学日常相处过程中，应该如何交流沟通，才能更好地彼此信任。大家列举出自己喜欢的互动方式和不喜欢的互动方式，选择一个小组代表，在班级里分享<br>（10分钟） | 通过分享，形成班级规约 |
| 总结分享 | 请成员分享在这个活动过程中的感受和发现，对于班级新的理解和感受<br>（10分钟） | 通过分享自己的感受，进一步加强班级成员之间的联结 |
| 教师总结 | 如何建立健康的班级氛围；班级形成的重要约定有哪些<br>（5分钟） | 点明班级氛围和规约的重要性 |

### 4. 方案三

| 活动名称 | 活动过程 | 活动目标 |
|---|---|---|
| 五湖四海 | 请全班同学起立，保持安静，想象地面上出现一个巨大的中国地图（如果都是来自同一个省的，就想象地面上出现的是一个省的地图），选择自己家乡的位置站过去，注意这个过程中不要和周围的同学交流，不去询问自己是否站对了地方。2分钟倒计时后，所有同学停止移动。<br>请同学们和周围的同学打个招呼，询问一下他们的家乡是哪里，看看自己是否站对了地方，如果不对，可以适当调整一下。和自己附近的同学交流一下自己的家乡有什么特点，每个地区选一个同学代表在班级中发言。<br>按照就近原则分组，把班级同学尽量分为5~8个人一组，然后围坐在一起<br>（10分钟） | 通过游戏，让班上学生开始建立关系，并熟悉更多的同学 |
| 记忆比拼游戏 | 小组成员围成一圈，任意提名一位同学自我介绍姓名和一个兴趣，然后依次轮流介绍，但是要说：我是喜欢××（兴趣）的××（姓名）后面的喜欢××的××……最后介绍的一名同学要将前面所有同学的名字、兴趣复述一遍<br>（15分钟） | 让学生增加接触和交流，同时也在放松和有趣的氛围中加深彼此的联结 |
| "吐槽"大会 | 在小组中分享，来到这个新学校（班级），到目前为止有些什么不适应的地方，又有哪些期待？注意在这个过程中不去评价彼此<br>（10分钟） | 通过分享，宣泄不满的情绪，并且在小组里找到相似之处，缓解自己的焦虑 |
| 幸福班级畅想 | 请小组一起讨论，大家希望周围的同学如何做，班级如何建设，才可以让这个班级更舒适、温暖、有活力。选择一个小组代表，在班级里总结分享<br>（10分钟） | 通过合理建议，提出自己的诉求，让每个同学都有自觉改变的意愿，进一步加强班级成员的彼此联结 |
| 教师总结 | （1）班级氛围依靠班上每个同学共同努力；<br>（2）健康的班级需要一些共同的约定；<br>（3）班级凝聚力对于维护心理健康的作用<br>（5分钟） | 点明班级氛围和规约的重要性 |

# 专题二
# 完善自我与健全人格

## 一、学生自我发展的现状和问题

### （一）自我概念的内涵

自我概念（self-concept），是指一个人对自己总的看法和评价。它是一个多维度、多层次、有组织的结构。其中包括个体对自己的性格、能力、兴趣、欲望的了解，个人对他人和环境的关系，个人对处理事务的经验，以及对生活目标的认识与评价等。

美国心理学家威廉·詹姆斯认为，自我有主观自我与客观自我之分，英语中的 I 与 Me 能很好地区分这两个概念，前者是主观我，用来表示我是什么，我做什么；后者作为宾语使用，表示怎样看待我，给我什么。主观我（I）是一个人对社会情境做出的反应，是自我中积极主动的一面，包括能力、社会性和人格特征以及物质所有物等。詹姆斯指出，客观自我由三个要素构成，即物质的客我、社会的客我和精神的客我。这三个要素都包含了自我评价、自我体验以及自我追求等三个方面（见表2-1）。

表 2-1　自我意识三方面的关系

|  | 物质的客我 | 社会的客我 | 精神的客我 |
| --- | --- | --- | --- |
| 自我评价<br>自我认识 | 对自己的身体、外貌、衣着、风度、家庭、所有物等的认识和评价 | 对自己在群体中的地位、声望，拥有的财产等的认识与评价 | 对自己的智力、性格与人格特点以及自己的道德、宗教信仰等的认识与评价 |
| 自我体验<br>自我追求 | 追求自己的身体外表，物质欲望的满足，维持家庭的利益，由此产生自豪感与自卑感 | 追求自己的名誉、地位，争取得到他人的好感等，由此产生自豪感与自卑感 | 追求自己能力以及智慧的发展，要求自己的行为符合社会规范，追求宗教信仰等，由此产生自豪感与自卑感 |

个体的自我概念并不是对现实像镜子似的简单反映。自我概念包括大量有关信息的整合和组织，如对他人和世界的印象。自我概念的来源是他人对自己的印象和评价以及在与他人交往时他人对自己的反应。虽然在人的一生中自我概念是在变化着的，但它的基础在幼年时就形成了。个体从经验中形成自我概念，已经形成的自我概念反过来又影响其未来的经验。

自我意识是一个不断发展的过程，个体的自我意识从无到有，最后达到相对成熟，经历了由量变到质变，又难以将自己作为主体从客观世界中区分开来，到有一定的自我意识，再到青少年时期的自我意识发展的突变，直到最后的成熟和成长。

大学时期是个体自我意识快速发展、逐渐完善的关键阶段。大学生处于青年时期，是从少年走向成年的典型过渡期。这一阶段，自我意识不断发展，心理迅速成熟又未完全成熟，自我认识正经历急剧变化和动荡，进而趋于稳定的阶段。在现实生活中，不能进行正确自我认识的大学生常常会犯以下两类错误。

一类是自我评价过低。他们心理上的一个特征就是自我排斥。由于在成长过程中，理想我与现实我的距离过大所导致的自我矛盾冲突，使他们常常处于焦虑状态，在这种状态下，他们往往会产生否定自己、拒绝接纳自我的心理倾向，进而降低自己的社会需求水平，对自我过分怀疑，压抑自我的积极性，并可能引发严重的情感损伤和内心冲突。他们的心理体验常伴随较多的自卑感、盲目性、自信心丧失和情绪消沉、意志薄弱、孤僻、抑郁等现象，尤其是面对新的环境、挫折和重大生活事件时，常常会产生过激行为，酿成悲剧。近几年来发生的大学生自杀事件中的相当一部分就是由此类心理问题所导致的。

另一类是自我评价过高。在这种自我概念的支配下，个体往往会扩大现实的自我，形成错误的、不切实际的理想自我，并认为理想自我可以轻易实现。这种类型的大学生往往盲目乐观，自我中心、自以为是，不易被周围环境和他人所接受与认可，容易引起别人的反感和不满，导致人际关系不良，因此极易遭受失败，内心发生冲突，产生严重的情感挫折，导致苦闷、自卑、自我放弃，严重威胁其心理健康，甚至会引发过激行为和反社会行为。

## （二）自我冲突与自我接纳

美国心理学家卡尔·罗杰斯依据发展的观点，将自我分为理想自我与现实自我。理想自我是指向未来的，希望自己成为怎样的人，具备何种人格。现实自我是指目前的状况，现在已经具备的人格特征。当一个人的理想自我与现实自我一致时，就是自我实现。每个人都存在理想自我与现实自我之间的差距，当两者之间的差距过大并出现非调节性关系时，就会出现心理问题。

青年时期的学生，心中承载着无数的梦想，每个人都渴望有一把"登天的梯子"。他们有抱负、有追求、有理想，成就动机强烈，特别是当市场经济将人们的成就意识凸显出来时，很多大学生心中都涌动着对成功的向往，他们为自己设定了一个美丽的"理想自我"，也对大学生活进行了理想化的设定。但当他们踏入大学校门时，现实与理想很可能会形成巨大的反差，不少新生因此出现了"理想真空带"与"动力缓冲带"，一时间找不到自己努力的方向。对理想自我的渴望与对现实自我的不满构成了大学生自我意识发展的重要组成部分，这使一些大学生出现了自我冲突的现象。

当自我冲突出现时需要注意两点：一是理想我与现实我有一定差距是正常的，它可以激励大学生奋发图强、积极向上，向着梦中的方向飞奔；二是当现实我距离理想我太过遥远时，会产生各种各样的心理不适，甚至自暴自弃，变得平庸无为、无所事事、没有动力。因此，对自我冲突进行协调是培养健康自我意识的必经之路。

自我接纳是个体生存的社会性需要。一个人人格的完善和健康来自自我接纳。一个自我不接纳者的内心必然会充满矛盾和冲突，会给人带来很大的痛苦和烦恼，而且大量的心理潜能也得不到充分的发掘，使人无法对生活表现出充足的热情，甚至无法应对日常生活，以致阻碍人格的进一步完善。每个人都有自我实现的需要和可能，也就是要在一个不完善的、充满矛盾与冲突的自我层面，建立一个令自己满意的、趋于完善的自我。这需要经过三个环节，即自我认识—自我接纳—自我改变。

国内学者研究表明，学生自我接纳的现状和特点如下。

（1）有相当一部分学生自我接纳程度不高，对自己要求比较苛刻。

（2）许多学生对自己的评价虽日趋客观成熟，但有时也表现出片面、轻率和幼稚等特点，影响到自我接纳程度。

（3）大部分学生对他人的评价比较真诚和直率，观察和评价别人的能力有所提高，但有时评价较为主观、偏颇，且表达方式欠佳，造成不必要的人际摩擦，也影响到对方自我认识和自我接纳能力的提高。

（4）大学生面对他人评价时的反应不再是简单的高兴或生气，而是以客观的态度具体分析，日趋成熟和分化。

## （三）塑造健全人格

一般认为，人格是一个人才智、情感、愿望、价值观和习惯性行为方式的有机整合，它赋予了个体适应环境的独特模式。这种知情意的复杂组织是遗传与环境交互作用的结果，包含着个体受过去的影响以及对现在和未来的构建。概括来看，人格具有整体性、稳定性、独特性和社会性等四个基本特征。

"什么样的人格最适合个体与群体的发展",是心理学研究者十分关注的问题,也是长期以来一直被广泛探讨的国际尖端课题。具有健全人格的人是心理健康者,他们能有意识地控制自己的生活,掌握自己的命运;他们能意识到自己的优点和缺点、善与恶,并且容忍和认可它们;他们不生活在往事之中,而是坚定地立足于现在,并注意到未来的目标和任务。健全人格和正常人格是不同的,仅仅摆脱心理疾病的正常人格是迈向健全人格的第一步,但远非全部,健全人格显然高于正常人格。健全人格是一种在结构上和动力上向崇高人性发展的特征,健全人格表现出人格的完整性、统一性、稳定性等特点,健全人格是人格特征的完备结合。

结合国内外的实证研究和传统文化的精髓,以黄希庭教授的研究结果为例,健全人格包括以下特征:对世界抱开放态度,乐于学习和工作,不断吸取新经验;以正面的眼光看待他人,有良好的人际关系和团队精神;以正面的态度看待自己,能自知、自尊、自我悦纳;以正面的态度看待过去、现在和未来,追求现实而高尚的生活目标;以正面的心态对待困难和挫折,能调控情绪,心境良好。总之,以辩证的态度对待世界、他人、自己,过去、现在和未来,顺境与逆境,是一个自立、自信、自尊、自强、幸福的进取者。

健全人格是心理健康的基础。人格是遗传与环境交互作用的结果,一个人的人格不仅会影响其对待事情、对待他人的观念和态度,而且也将反过来影响个体的能力发挥、与他人的关系,甚至是自身的心理健康。人格健全者能正确地待人处世,不仅使自己身心愉悦,很好地完成各项事务,而且能让别人生活得更愉快。但是一些人格不健全者就很容易产生心理健康方面的问题。

首先,要学会用开放的态度来对待环境,不断吸取新经验。上大学后,生活环境突然有了重大的变化,没有父母、长辈每日的悉心照料,一切日常事务都需要独自处理和承担,许多新生一时间感到手足无措、无所适从，并由此产生焦虑、恐惧、自卑等不良心理。在这种情况下，如果能够正确看待环境，自力更生，主动出击，从日常饮食起居的打理到钱财物的管理，一切从头学起，就是做到了以开放的态度对待新的经验，有利于个体的心理健康和健全人格的养成。

其次，要学会用正面的态度来看待自己与他人。自我评价偏差不仅会引起情绪低落以及人际交往困难等不良后果，而且还可能引起神经症反应。如情绪不稳定，害怕人多，担心自己脸红，社交恐惧，不能坚持正常学习，逃避集体活动等。所以，要学会用正面的态度来看待自己与他人，以更加开放的态度积极为自己创造机会与人交往，在人际交往中掌握交际和沟通技巧，提高人际交往的能力；同时，还要在正确自我评价的基础上培养宽容、信任、友爱、诚恳、谦虚、尊敬、忍让等良好的性格特征，不断改善与他人的关系。

最后，应学会用正面的态度看待过去、现在与未来，时常思考过去的成功或失败对现在有怎样的作用，与未来又有怎样的关系。过去的辉煌不等于现在也一样辉煌，过去的失败也不等于现在依旧无法取得成功。每个人的发展都要经历一个过程，过去的付出和努力为现在奠定了基础，而现在的所有努力则为未来埋下了伏笔。

## 二、团体设计

### （一）团体理论

从团体辅导的理论基础看，积极心理学作为当代新兴心理学流派，受关注程度最高，其次为建构主义、人本主义、团体动力理论、人际沟通理论、生涯发展理论等，它们均在一定程度上影响着团体辅导模式构建与具体方案设计。

**1. 积极心理学**

积极心理学提出学校心理健康教育要激发学生内在的激情，帮助他们发展综合的技能，承担起生活的责任，成为有社会能力和富有同情心、心理健康的成年人。积极心理学关注个体和群体自我的积极面，关注个体正在经历的知足、满意等主观感受和过去体验的良好状态，同时也关注对未来的乐观和希望，当前普遍的幸福感；它包括积极的个性特征，如爱、勇气、给予、创造和持之以恒。在群体水平上，它包括培养个体承担社会责任的美德，培养更好的公民特征。整合学校心理健康教育的目标，拓展心理健康教育的内容，改善学校心理健康教育主客体的关系，挖掘教育的资源，提高学校心理健康教育的功效。

有人分析了以积极心理学为理论背景的优点中心疗法，强调在心理辅导实践中发现来访者的优点，帮助其识别并发扬优点，能够有效促进来访者个人成长，提高心理辅导效果。塞利格曼利用积极心理学进行团体辅导的实践研究，发现这种取向的团体辅导可以缓解抑郁症患者的抑郁情绪症状，提高其生活满意度。积极心理学团体辅导对于提高大学生心理健康水平的优势主要在于培养积极情绪、培养积极认知、培养积极人格品质三个方面。

**2. 建构主义**

建构主义是由瑞士心理学家皮亚杰提出的，他从内因和外因相互作用的角度探讨研究新的知识观、学习观和教学观。建构主义理论认为，学习者在先前经验、学习情境以及学习共同体的作用下，通过自身主动构建的活动，使自己的经验系统发生变化，即完成了知识的学习。

建构主义理论认为，理想的学习环境应当包括情境、协作、交流和意义建构四个部分。团体辅导正好为教育搭建了这样一个理想的学习环境。台湾师范大学吴武典教授提出团体辅导有下列四项要素：一是温暖、真诚、支持、信任、同感的助人性的团体情境；二是持续的、动力的、有目标的团体历程；三是有效、负责、经专业训练的领导者；四是能促使成员"顺势而为"并遵守团体规范的团体压力。这四项要素正好印证了建构主义提出的理想学习环境的四个部分。团体辅导通过成员筛选、共同目标以及各项人人参与的活动建立起特定的团体情境；在领导者的带领下，各位成员在活动中互相协作、互相交流、共同体验、分享感受；最后在自己原有知识体系、思维方式、感受经验的基础上，综合领导者和其他成员的经验感受，使成员对事物、事件、知识等有更深刻的理解，从而进一步完善、整合、提升自身素质。

自我概念的建构过程是个体主动将外部社会关系内化，从而建构起一种心理－社会适应结构的过程。在这个过程中，影响是双向的：团体中的人际关系结构作为客观环境而影响主观建构，通过主观建构过程形成的自我认知结构又要指导个体在团体中的行为，这些行为通过互动反过来又影响团体中的结构。

### 3. 人本主义

积极的团体氛围包括温暖、友善、轻松、有趣、真诚、坦率、安全、信任、支持、关怀、平等、合作，符合人本主义心理学家罗杰斯的"会心团体"这一理念，这样的团体有利于成员相互尊重、信任，建立起良好关系，使团体成员减少社会防御，面对真实的自我，从而形成自我接纳和积极的自我发展。积极的团体事件包括交流、表达、向他人学习、成员间因为差异带来新信息或因为相似带来同感支持、相互给予反馈，这些积极事件的发生主要来自积极的团体成员互动，并以积极的团体氛围为前提。

因此，本团体活动方案即针对此三方面进行设计，由认识自己开始，建立积极正面的自我概念。大学生首先应该正确地认识自己，全面地评价自己；然后才能理解自己内心的矛盾和冲突，并学会接纳自己，化解冲突；最后是在认识和接纳的基础上进行自我塑造，形成健全人格。自我的树立、健全人格的养成是一个长期的过程，在团体活动中或许不能达到完全的成长，但是带着积极心理的视角和自我接纳，依然有在日常生活中获得成长资源的可能。

## （二）团体目标

面向普通大学生的团体辅导最初应用于提升大学生自信心水平（2000年）与人际交往能力（2001年），逐渐扩展到对大学生心理健康水平的影响（2003年），现在呈现出以全面提高大学生心理素质为目标，注重学生心理成长、人格完善等。

（1）了解学生自我意识发展特点、常见偏差及其对心理健康的影响。

（2）培养学生健康自我意识的方法。

（3）提升自我认识、增强自我觉察和反思。

（4）提升自我接纳、学会自我沟通和自我整合、敢于尝试新行为。

## （三）注意事项

（1）每次选择一个小组长组织活动，做好准备工作。

（2）告诉学生在活动过程中，可以按照自己的想法分享自己愿意分享的部分，而不是必须要什么都说出来。

（3）强调小组内成员不要评价、批评和分析其他学生，对别人讲的故事要保密。

（4）每次活动结束后，指导教师要进行简短总结。

# 三、团体辅导实施

## （一）自知者明

### 1. 目标

（1）促进成员相互认识。

（2）通过本活动全面了解一个完整的自己，一个多维度的自己。

## 2. 方案一

| 活动名称 | 活动过程 | 活动目标 |
| --- | --- | --- |
| 分组 | 通过报数，将学生每5~6个人分为一组，为确保每组男女比例平衡，可以男女生分开报数，混合组队。如果之前课程已经有固定分组，也可以按照原来的小组开展活动<br>（约3分钟） | 将大班分为几个小组 |
| 我的名字我做主 | 每位成员为自己重新取一个代号，而这个代号最能形容现在的你自己，在以后的培训中，每次都会以这个代号称呼彼此，并说说你选择这个名字的原因（比如，我想为自己取名"平常心"，我想面对任何事情都能平常心对待）<br>（约8分钟） | 相互认识，了解成员对团体辅导或者对自己参与团体辅导的期望 |
| 滚雪球 | 第一个说"××到"，第二个说"××旁边的××到"，依此类推<br>（约7分钟） | 让成员在放松和有趣的情景中彼此熟悉 |
| 我眼中的我 | （1）每人一张白纸，在纸上写出至少二十个"我是……"的句子，要求是尽可能详细地描述出你自己；<br>（2）小组内分享，每一个人都要念出来，其他人认真听，先不给予反馈，然后我们会在后面的游戏中给予反馈<br>（约15分钟） | 通过投射性描述，帮助成员认识自己，用直观的方式看到展现出来的自己，即公开的自我 |
| 讨论 | （1）在写二十个"我是……"的过程中，你有没感觉到越到后面越写不出来？有没想过为什么？<br>（2）当你念出你写的东西时，回想一下你写的大部分是自己拥有的好的品质，还是希望他人对自己的看法呢？<br>（约10分钟） | 通过分享，让小组成员加深彼此了解，并且看到彼此之间的相似和不同 |
| 教师总结 | （约2分钟） | 点明自我认识的重要性 |

## 3. 方案二

| 活动名称 | 活动过程 | 活动目标 |
| --- | --- | --- |
| 分组 | 通过报数，将学生每5~6个人分为一组，为确保每组男女比例平衡，可以男女生分开报数，混合组队。如果之前课程已经有固定分组，也可以按照原来的小组开展活动<br>（约3分钟） | 将大班分为几个小组 |

续表

| 活动名称 | 活动过程 | 活动目标 |
|---|---|---|
| 相似圈 | 每个小组的成员围成一圈，每一个人说出一件和自己有关的事情，并向前伸手，其他有一样体验的成员也一起伸出手。例如：我想知道小组里有谁和我一样喜欢看电影，一样的同学请伸手；我想知道小组里有谁和我一样喜欢养宠物，一样的同学请伸手……（教师需要提醒：我们要想找到和自己类似的朋友，有时候需要主动分享自己的内心。分享不是为了窥探别人隐私，而是寻找和我们一样的人。因此只能分享自己真实存在的事实和感受，不能讲不属于自己的部分）<br>（约6分钟） | 激发小组乐趣，让成员放松，并且逐渐在小组内获得安全感 |
| 色彩缤纷——自我矛盾 | 准备材料：彩色布若干，组内每人能够选择2条。<br>（1）将彩布摆成圈，成员各自从中选出两条彩布，一条代表自身"别人知道，我也知道"的特质，另一条代表自身"我知道，别人不知道"的特质；<br>（2）每个成员分享两条彩布代表的特质，在这个过程中引出"自我"的不同维度话题<br>（约10分钟） | 通过色彩表达的方式去了解一个完整的你，去觉察自我冲突与整合 |
| 分享 | （1）请成员分享两条彩布所代表的自身特质是否有联系，并分享感受；<br>（2）当听到别人的分享时，最触动你的部分是什么，请你告诉这个组员<br>（约10分钟） | 通过分享自己的感受，让小组成员加深彼此了解，并且看到彼此之间的相似和不同 |
| 教师总结 | （约2分钟） | 点明自我认识的重要性 |

### 4. 方案三

| 活动名称 | 活动过程 | 活动目标 |
|---|---|---|
| 分组 | 通过报数，将学生每5~6个人分为一组，为确保每组男女比例平衡，可以男女生分开报数，混合组队。如果之前课程已经有固定分组，也可以按照原来的小组开展活动<br>（约3分钟） | 将大班分为几个小组 |

续表

| 活动名称 | 活动过程 | 活动目标 |
| --- | --- | --- |
| 小小动物园 | 材料：动物卡片一套，事先摆放在团体中间。<br>（1）播放一首舒缓的纯音乐，让学生站起来，围着动物卡片慢慢地走动一圈，观察动物卡片中的动物和姿态。走到第二圈的时候，请选择其中你觉得和你自己最像的一个动物，当你选好之后，就把它拿起来，回到自己的座位。同时，一边画一边思考，这个动物和我有什么相似之处；<br>（2）和成员分享为什么挑选这个动物，它和自己相似的地方<br>（约10分钟） | 让成员在放松和有趣的情景中开始探索自己 |
| 寻找朋友 | （1）第一轮寻找"最相似的朋友"，根据其他成员的图片，邀请一位成员做朋友，分享挑选的原因。每个人都有接受和拒绝的权利，如果被拒绝则要继续去"找朋友"；<br>（2）第二轮寻找"最渴望的朋友"，根据每个人手上卡片邀请其中一位成员与自己搭档，强调上一轮活动的被邀请者主动去邀请其他成员。如果被拒绝则要继续去"找朋友"；<br>（3）每一轮结束后，分别邀请成对和落单的成员表达感受。第二轮结束后要尤其关注跟第一轮感受的不同<br>（约20分钟） | 通过投射性描述，帮助小组认识自己在群体中的角色以及自己在人际交往中的期待 |
| 小组分享 | （1）分享自己今天选择这个动物的理由，总结一下通过这个活动对自己有了什么样的认识；<br>（2）分享当听到别人的故事时你的感受，哪位组员的故事让你很有感触？告诉这个组员<br>（约10分钟） | 通过自我分享，加深小组成员的彼此了解，并且看到彼此之间的相似和不同 |
| 教师总结 | （约2分钟） | 鼓励学生自我觉察和真诚表达，理解自我认识的意义 |

# （二）接纳自己

## 1. 目标

（1）了解自己的特性及优缺点。

（2）学习如何接纳自己。

## 2. 方案一

| 活动名称 | 活动过程 | 活动目标 |
| --- | --- | --- |
| 分组 | 通过报数，将学生每5~6个人分为一组，为确保每组男女比例平衡，可以男女生分开报数，混合组队。如果之前课程已经有固定分组，也可以按照原来的小组开展活动<br>（约4分钟） | 将大班分为几个小组 |
| 相似圈 | 每个小组的成员围成一圈，每一个人说出一件和自己有关的事情，并向前伸手，其他有一样体验的成员也一起伸出手。例如：我想知道小组里有谁和我一样喜欢看电影，一样的同学请伸手；我想知道小组里有谁和我一样喜欢养宠物，一样的同学请伸手……（教师需要提醒：我们要想找到和自己类似的朋友，有时候需要主动分享自己的内心。分享不是为了窥探别人隐私，而是寻找和我们一样的人。因此只能分享自己真实存在的事实和感受，不能讲不属于自己的部分）<br>（约6分钟） | 激发小组乐趣，让成员放松，并且逐渐在小组内获得安全感 |
| 我是谁？ | 准备材料：印有七个假如的纸张，笔。<br>请参与者填写下面的句子：<br>假如我是一种花，我希望是_____，因为_____。<br>假如我是一种动物，我希望是_____，因为_____。<br>假如我是一种乐器，我希望是_____，因为_____。<br>假如我是一种水果，我希望是_____，因为_____。<br>假如我是一种颜色，我希望是_____，因为_____。<br>假如我是一种交通工具，我希望是_____，因为_____。<br>假如我是一种树，我希望是_____，因为_____<br>（约10分钟） | 通过本次游戏全面地去了解一个完整的你，一个独特的你 |
| 小组分享 | 请成员深入分享每个假如的原因，并去寻求与自己有共同答案的朋友，他的原因又是什么？<br>（约10分钟） | 每个同学都有自己的独特性，了解自己，做最独特的自己 |
| 分享 | （1）分享在这个活动过程中，你有什么样的感受和发现，对于你自己有没有一些新的理解和感受；<br>（2）别人的分享中，最触动你的部分是什么？请你告诉这个组员<br>（约10分钟） | 通过分享自己的感受，加深小组成员的彼此了解，并且看到彼此之间的相似和不同 |
| 教师总结 | （约2分钟） | 点明自我接纳的重要性 |

## 3. 方案二

| 活动名称 | 活动过程 | 活动目标 |
| --- | --- | --- |
| 分组 | 通过报数，将学生每5~6个人分为一组，为确保每组男女比例平衡，可以男女生分开报数，混合组队。如果之前课程已经有固定分组，也可以按照原来的小组开展活动（约2分钟） | 将大班分为几个小组 |
| 滚雪球 | （1）领导者介绍滚雪球活动的流程；<br>（2）每个小组成员介绍自己。内容包括：姓名、特征、优点、最喜欢什么、最讨厌什么，并说明理由；<br>（3）小组内自主决定顺序后，由1号先报自己的名字，然后右边的成员2号复述1号同学的姓名，然后报自己的名字。2号右边的成员3号复述1号、2号同学信息后，再报告自己的名字。依此类推（顺序依顺、逆时针方向皆可）。最后一位复述所有团员名字；<br>（4）第二次除姓名外，另加复述其他2种资料，如特征或兴趣、个性等<br>（约10分钟） | 激发小组乐趣，让成员放松，并且在活动中逐渐熟悉彼此 |
| 优点轰炸 | （1）利用活动单写下其他成员的优点；<br>（2）成员逐一到团体中间，轮流接受其他成员的轰炸；<br>（3）成员分享被轰炸时的感受及想法；<br>（4）以丢掷抱枕方式，将抱枕丢给另一人，在丢之前要先说："×××要将抱枕丢给……的×××。"必须要说出对方的一至两个优点，才能将抱枕丢出去。接到的成员也要补充说出一个自己的优点或好的表现；<br>（5）直到所有的成员都已接到过抱枕<br>（约20分钟） | 了解自己的特点及优点 |
| 分享 | （1）请成员分享在这个活动过程中有什么样的感受和发现，对于自己有没有一些新的理解和感受；<br>（2）当听到别人的分享时，最触动自己的部分是什么，请告诉这个组员<br>（约10分钟） | 通过分享自己的感受，加深小组成员的彼此了解，形成一个接纳、真诚的氛围 |
| 教师总结 | （约2分钟） | 了解自我接纳的重要性 |

## 4. 方案三

| 活动名称 | 活动过程 | 活动目标 |
|---|---|---|
| 猜谜语 | 什么动物早晨四条腿走路，中午两条腿走路，晚上三条腿走路，腿最多时最无能？<br>（这个谜语叫"斯芬克斯之谜"，出自古希腊神话故事《俄狄浦斯王》。故事中，斯芬克斯是个狮身人面的女妖，她每天坐在忒拜城堡附近的悬崖上向路人提出这个谜语，过路的人必须猜中，如果猜不中就要被她吃掉。无数的人为此丧生。最后，有个叫俄狄浦斯的青年猜到了答案，谜底是人。<br>斯芬克斯之谜，是古希腊哲学家普遍认识的人类的最高智慧——人，必须反思和认识自己）<br>（约5分钟） | 一个谜底引出主题，让同学产生思考，并且卷入自己的情绪 |
| 自我觉察 | 指导语：现在请闭上你的眼睛，找到一个最舒适的坐姿，深深吸一口气，然后慢慢呼出，使自己放松，再放松。现在让我们来注意手臂放松的感觉，让你的手臂保持舒服的姿势，让他们越来越放松。进一步放松你的双臂，用心去体会这种感觉。现在，皱起你的前额，皱得紧一些。现在停止皱你的前额，放松舒展它们，想象着越来越放松，前额和头皮越来越舒展。现在，皱起你的眉头，体会这种紧张，然后消除这种紧张，再次舒展你的前额。现在，把你的眼睛闭得越来越来越紧，感受一下这种紧张，再次放松你的眼睛。现在，咬紧双颌，感受颈部的张力。接下来，放松你的上下颌。让你的双唇微闭，体会这种放松。现在，让你的舌头顶住上颚，体会舌头上的紧张。现在，让你的舌头重新找到舒服的放松位置。紧闭你的双唇，越来越紧，然后放开双唇，注意紧张和放松之间的区别。体会前头皮、眼睛、颌、嘴唇、舌、颈的感觉，慢慢地体会这种感觉……<br>现在，想象你前面有一面镜子，你站在镜子前，看着镜子里的自己：镜子里的自己是什么样子的？状态是怎样的？自己的内心活动是什么样子的？<br>现在，让我们睁开眼睛，拿起手中的笔，把你的想法和感受写下来吧。<br>（约10分钟） | 引导同学开始认识自己，进行自我剖析 |
| 教师知识讲解 | （1）生理自我：对自己的身体、性别、年龄、容貌、仪表、健康状况以及所有物方面的认识；<br>（2）心理自我：对自己的能力、性格、气质、兴趣、信念、世界观等个性特征的认识；<br>（3）社会自我：对自己在一定的社会关系和人际关系中的角色、地位等方面的认识<br>（约10分钟） | 通过前一个活动，让小组成员接受系统的理论信息，以更好地认识自我 |

续表

| 活动名称 | 活动过程 | 活动目标 |
|---|---|---|
| 小组分享 | 以小组为单位，在小组里简单分享一下自己眼中的自己是什么样的，注意分享过程中不评判、不建议、不分析<br>（约15分钟） | 通过小组成员分享，促进彼此互相理解，同时也进一步明确自我认识 |
| 教师总结 | 认识自我的方法有很多，我们不能只活在别人的世界里，也不能只活在自己的世界里，我们要学会正确地认识自己，形成正确的自我概念，肯定自己的优点，允许自己有不足，并在不断了解、认识自我的过程中发展自我<br>（约5分钟） | 点出自我认识在人生中的重要性和必要性 |

## （三）人格百态

### 1. 目标

（1）世上没有两片完全一样的叶子，人也一样，每个人都是独特的。

（2）认识自己的人格特质，理解其成因，从而更好地认识他人。

### 2. 方案一

| 活动名称 | 活动过程 | 活动目标 |
|---|---|---|
| 分组 | 通过报数，将学生每5~6个人分为一组，为确保每组男女比例平衡，可以男女生分开报数，混合组队。如果之前课程已经有固定分组，也可以按照原来的小组开展活动<br>（约3分钟） | 将大班分为几个小组 |
| 我是一只小小鸟 | （1）报数，每两人成一组。其中一人当小鸟，另一人则是妈妈，妈妈用双手将小鸟围在中间，当成鸟巢。<br>（2）当领导者喊"小鸟"时，小鸟需换到别的鸟巢，鸟巢则不需动；喊"妈妈"时，则妈妈需找别的小鸟，小鸟则不能移动；喊"刮台风"时，则全部散开重新组合。<br>（3）第一次由领导者喊口令，之后由落单者发号口令。<br>（4）成员彼此分享感受<br>（约7分钟） | 激发小组乐趣，让成员放松，并且逐渐在小组内熟悉和活跃起来 |

续表

| 活动名称 | 活动过程 | 活动目标 |
|---|---|---|
| 影响轮 | （1）请成员在纸的中央画一个圆圈代表自己，在周围画上大小不等的圆圈代表影响自己的重要他人，依影响程度及关系亲疏决定圆圈的大小及远近；<br>（2）在每一圆圈周围写出该重要他人3~5项个人特质，并依个人喜好，标上○或×；<br>（3）分享每人所画的影响轮图形<br>（约8分钟） | 通过绘画表达，将重要他人及其特质具象化 |
| 小组讨论 | （1）对你影响最大的人是谁？其人格特质你是否喜欢？<br>（2）你最喜欢的有哪三项人格特质？最不喜欢的有哪三项人格特质？为什么？你自己是否具备以上的特质？<br>（3）你希望自己改变哪些人格特质？你希望自己能拥有哪些特质？<br>（约15分钟） | 通过讨论，小组成员能觉察影响自己的重要他人的人格特质，能说出自己的人格特质 |
| 分享 | （1）请成员分享在这个活动过程中的感受和发现，对自己新的理解和感受；<br>（2）别人的分享中最触动你的部分是什么？请你告诉这个组员<br>（约10分钟） | 通过分享自己的感受，加强小组成员的彼此了解，并且看到彼此之间的相似和不同 |
| 教师总结 | （约2分钟） | 点明人格及发展特点 |

### 3. 方案二

| 活动名称 | 活动过程 | 活动目标 |
|---|---|---|
| 看图片测性格 | 通过这个趣味游戏，将学生每4~5个人分为一组。具体做法是给出9张图片（每张图片代表一种性格），让学生在5秒内选一张图片，选到相同图片的同学分到一组<br>（约10分钟） | 将大班分为几个小组 |
| "贴标签" | 教师会发放便利贴，每个小组的成员在教师的指导下思考自己是什么性格的人，并在便利贴上写下自己眼中的自己和别人眼中的自己（这里要注意是学生自己思考的别人眼中的自己）。每一张便利贴上只写一种性格特点，写完之后贴在自己身上。每个成员在小组内进行分享。组员可以撕掉除自己以外的其他组员的标签（注意：只能撕掉"别人眼中的自己"的标签）。另外组员还需要写下自己眼中的别人，例如A撕掉了B的一个标签，那么A要写下自己眼中B的特点，并且分享。<br>教师需要提醒：我们不要去评价别人的性格特点，分享不是为了窥探别人隐私，而是为了更加了解我们自己<br>（约10分钟） | 通过自己对自己的认识和别人对自己的反馈更加全面地认识自己 |

续表

| 活动名称 | 活动过程 | 活动目标 |
| --- | --- | --- |
| 想一想，说一说 | 教师引导成员们在组内分享自己喜欢自己性格的哪些特点、不喜欢自己性格的哪些特点，并说明原因<br>（约5分钟） | 正视自己的性格特点 |
| 性格优势 | 教师引导学生回忆曾经做过的成功的事，成功的因素有哪些，特别是性格特点所带来的优势有哪些。如采用撰写成就故事的方法，要求他们撰写生命中成功、成绩和优秀表现，并分析和总结成就事件中所反映出的性格优势，能够唤醒学生的积极情绪，强化他们对自身美好人性的认可，让性格优势显现出来。随机抽几个组给全班同学分享，之后引出"性格优势理论"，教师对这个理论进行讲解，并且提供一些大学生性格优势培养的策略<br>（约20分钟） | 通过学生自己的体验和老师的讲解发现自己的性格优势，更好地扬长避短 |
| 讨论 | （1）请成员在组内讨论有哪些性格优势；<br>（2）请组员讨论如何培养性格优势<br>（约5分钟） | 让学生获得培养性格优势的策略 |
| 教师总结 | （约2分钟） | 点明主题 |

## 4. 方案三

| 活动名称 | 活动过程 | 活动目标 |
| --- | --- | --- |
| 分组 | 为确保每个组男女比例平衡，男生代表5角钱，女生代表1元钱，随机喊出一个金额，让学生快速混合组队。通过游戏，将学生每5~6个人分为一组<br>（约4分钟） | 将大班分为8个小组 |
| 手心里的自己 | 每位同学拿出一张白纸，在纸上画出自己的手印，在五个手指上分别写下自己最突出的外貌特点、最明显的兴趣爱好、主要的性格特点、优点和缺点。写完之后由学生自己保管，暂时不分享给他人<br>（约6分钟） | 让学生认识自己的内在与外在，更好地了解自己的长处和短处 |
| 角色扮演 | 请每组同学推荐一名最有"特点"的同学A，再选出一名最有"表演欲"的同学B。请同学B表演同学A的兴趣爱好，并请大家猜一猜被模仿者是谁，他有什么优点或长处，请同学们继续模仿，猜对的同学会有奖励<br>（约15分钟） | 通过动作表达，让被模仿的同学更好地认识自己的特点和别人眼中自己有什么特点，奖励是为了让大家更好地参与到游戏中来 |

续表

| 活动名称 | 活动过程 | 活动目标 |
| --- | --- | --- |
| 寻人启事 | 将画好的手印收上来，老师随机挑选几个手印，读出上面的特点让同学们猜猜这是谁<br>（约8分钟） | 通过老师的描述，让被描述的同学了解自己在别人心中是否和自己以为的自己是相同的，或许可以发现自己新的特点和长处 |
| 分享 | （1）请成员分享在这个活动过程中有什么样的感受和发现，对于自己有没有新的理解和感受；<br>（2）当看到别人的模仿时，最令你印象深刻的部分是什么？请成员谈一下<br>（约10分钟） | 通过写出自己的特点和看他人模仿自己，纠正自己之前对自己的错误认知，更好地认识自我、悦纳自我和超越自我 |
| 教师总结 | 正确认识自我、不自卑，让我们一起做更好的自己<br>（约2分钟） | 表明正确认识自我的重要性 |

# （四）整合自我

## 1. 目标

（1）能调和自我的各个层面，使自己在内在身心需求、外在环境现实以及未来理想等方面均和谐一致。

（2）找寻身边促进自我成长的资源和力量。

## 2. 方案一

| 活动名称 | 活动过程 | 活动目标 |
| --- | --- | --- |
| 分组 | 通过报数，将学生每5~6个人分为一组，为确保每组男女比例平衡，可以男女生分开报数，混合组队。如果之前课程已经有固定分组，也可以按照原来的小组开展活动<br>（约3分钟） | 将大班分为几个小组 |
| 成长三部曲 | （1）开始的时候大家都是鸡蛋，两只鸡蛋通过猜拳的方式决定谁能晋级。赢的一方可以成长，依次成长为小鸡、大鸡、人，成为人后就可以回座位休息了。除了鸡蛋外的其他级别，输的一方都要退回鸡蛋的状态。注意，只能是同一级别之间进行猜拳；<br>（2）分享：在"进化"的过程中，输的时候你想到什么？赢的时候又想到了什么？<br>（约6分钟） | 激发小组乐趣，让成员放松，并且逐渐投入 |

续表

| 活动名称 | 活动过程 | 活动目标 |
|---|---|---|
| 寻找力量——生命中的贵人 | 活动材料：绘有同心圆的A4纸、水彩笔、画棒、彩铅。<br>（1）每个成员拿到一张绘有同心圆的A4纸，成员在内圆中画自己，可以用水彩笔、画棒、彩铅来表达自己，画完以后每个人可以对自己的作品进行一个简单的分享；<br>（2）将外圆分为四个区域，代表生命中的四个"贵人"，可以是真实的人，也可以是小说中的形象等；<br>（3）画完后在小组中进行关于自我的分享<br>（约25分钟） | 寻找到成长中对自己影响深刻的事件，从这些事件中寻找到支持自己成长的力量资源 |
| 分享 | （1）请成员分享，生命中的"贵人"带给过自己什么；<br>（2）在这个活动过程中，你有什么样的感受和发现？对于你自己有没有一些新的理解和感受？<br>（3）听到别人的分享时，最触动你的部分是什么？请你告诉这个组员<br>（约10分钟） | 通过分享自己的感受，让小组成员提高自我觉察，了解自身资源，促进自我整合 |
| 教师总结 | （约2分钟） | 整合自我的重要性 |

## 3. 方案二

| 活动名称 | 活动过程 | 活动目标 |
|---|---|---|
| 分组 | 通过报数，将学生每5~6个人分为一组，为确保每组男女比例平衡，可以男女生分开报数，混合组队。如果之前课程已经有固定分组，也可以按照原来的小组开展活动<br>（约3分钟） | 将大班分为几个小组 |
| 相似圈 | 每个小组的成员围成一圈，每一个人说出一件和自己有关的事情，并向前伸手，其他有一样体验的成员也一起伸出手。例如：我想知道小组里有谁和我一样喜欢看电影，一样的同学请伸手；我想知道小组里有谁和我一样喜欢养宠物，一样的同学请伸手……（教师需要提醒：我们要想找到和自己类似的朋友，有时候需要主动分享自己的内心。分享不是为了窥探别人隐私，而是寻找和我们一样的人。因此只能分享自己真实存在的事实和感受，不能讲不属于自己的部分）<br>（约6分钟） | 激发小组乐趣，让成员放松，并且逐渐投入活动中来 |

续表

| 活动名称 | 活动过程 | 活动目标 |
|---|---|---|
| 昨天、今天、明天——自我整合 | 活动材料：每人一张 A4 纸，彩笔、画棒、彩铅。<br>背景音乐：过去——《好久不见》，现在——《你飞到城市另一边》，未来——《外面的世界》。<br>（1）放音乐，让学生闭上眼睛，想想自己过去曾经是一个什么样的人，经历了什么故事。<br>（2）引导学生思考：过去到现在，你有什么变化？过去发生了什么，让你成为现在的自己，是什么让你一直努力？现在怎样做才能成为未来的那个你？<br>（3）在 A4 白纸上画一个三角形，并分成三份，代表过去的我（大学前）、现在的我、未来的我（比如十年后）。<br>（4）热身足够后再让学生逐个画出最能表达自己的图形，并上色。最后让成员给自己的创作起个名字<br>（约 22 分钟） | 通过绘制过去、现在、未来，让成员学会系统地看待自己，进行整合 |
| 分享 | （1）成员分享自己的画作，重点分享未来的我，以及如何才能实现。<br>（2）当听到别人的分享时，最触动你的部分是什么？请你告诉这个组员<br>（约 15 分钟） | 通过分享未来的我，激发组员对未来的规划 |
| 教师总结 | （约 2 分钟） | 点明自我整合的重要性 |

# 专题三
# 人际交往与沟通艺术

## 一、学生时代的人际交往

### （一）人际交往的影响因素

交往是人类的必然行为。我们每个人都会希望自己与某些人建立一定的联系、归属于某个群体、被他人或群体所接纳。可以说，从出生到死亡，关系一直是人生经验的核心部分。可是在关系问题上，我们或许都遇到过许多困惑，比如：为什么我不能像别人那样受欢迎？怎样与背景不同的人打交道？跟好朋友吵架了该怎么办？为什么有很多朋友了，可我还是时常觉得自己是孤单的？

人与人关系开始的第一步总是相同的，即人际吸引。为什么生活中我们总是被某些人所吸引，同时又吸引着某些人？是什么让人们产生吸引？为什么我不能像别人那样受人欢迎？要怎样做才能让自己成为一个受欢迎的人呢？这就涉及人际吸引的途径问题。吸引就是产生接近某人的渴望。亲和、喜欢和爱情是吸引的三种形式。亲和是层次较低的吸引，而爱情则是最强烈的吸引形式。研究发现，空间距离上的接近是促进人际吸引的重要因素，而美貌带来的吸引力往往只在交往初期显得很强烈，随着交往的深入，其吸引力会越来越小。在生活中，我们往往会喜欢那些喜欢我们的人，这就产生了一个有趣的人际吸引公式：

**值得拥有的程度 = 外表吸引力 × 被接受的可能性**

人际交往的深层因素是人格。人格指的是人的气质、性格和能力等人格品质。美国心理学家安德森划分出了三类人格品质：受人欢迎的品质、中性品质和不受人欢迎的品质。受人欢迎的品质多与真诚有关。相关研究发现，大学生选择朋友时，一般以品德为首要标准，其次才是能力、水平等。另外，人与人之间相似越多，彼此就越喜欢。相似会带来更少的摩擦、冲突。互补带来的吸引力则是由需要的作用带来的：交往双方需要和满足的途径正好互补时会产生强烈的人际吸引。

人际交往不会一直风平浪静，过程中难免产生人际冲突。沟通障碍是最常见的冲突原因，排在第二位的是习惯差异，例如生活习惯及作息安排等。此外，如果我们感到被侵犯、与交往另一方的意见或观念不一致、自己或对方情绪不好以及性格上的不同等都有可能导致冲突。校园人际冲突表现出了与校外人际冲突不同的特点，在校园里由于评奖评优等利益争夺引起的冲突最少，非利益冲突是校园里主要的冲突来源。美国行为学家托马斯与他的同事科尔曼提出了一个处理人际冲突的二维模式，认为冲突发生后，冲突双方有两种可能的策略供选择：关心自己的利益和关心他人的利益。"关心自己利益"是以追求个人利益过程中的武断程度为指标来评估的，"关心他人利益"则以追求个人利益过程中与他人合作的程度为指标。研究发现，人往往有五种不同的冲突处理策略：强制、合作、折中（妥协）、迁就和回避。根据国内学者的研究，国内学生人际冲突处理策略的使用和偏好从高到低依次为妥协、合作、强制、迁就和回避。

学校里不少同学都有人际交往方面的困惑，如不擅长跟人打交道，人际圈子小，没有特长可以引起别人的注意，在群体里不知道怎么跟别人建立关系等。这些困惑很常见，因为在进入大学之前的十几年校园生活中，学生很少有时间在课堂之外培养人际关系，去学习如何与人打交道、如何相处。学生需要多培养自己的情商，培养社交能力，为进入社会做好准备。因此应该努力做到以下四个方面。

（1）真诚：真诚是友好交往的基础，也是交往能延续和深化的保证，但要真正做到这一点却不容易。

（2）尊重：一方面是尊重他人的尊严、习惯，尊重他人的劳动，肯定他人的价值。另一方面指的是自尊自爱，正确认识自己，不要光看自己的优点而盛气凌人，也不要只见自身缺点而盲目自卑。

（3）宽容：宽以待人、以德报怨，但宽容不等于软弱，不等于无原则地逆来顺受、一味委曲求全。

（4）互惠：指交往双方能够相互满足需要。互惠性越高，双方关系越稳定、越密切，反之则越不稳定、越容易疏远。互惠包括物质上的和精神上的。

此外，通过保持微笑、多提别人的名字、真诚地对别人感兴趣、做一个耐心的倾听者，鼓励别人谈他们自己、谈符合别人兴趣的话题、以真诚的方式让别人感到自己很重要等方式，都可以给别人留下很好的第一印象。

## （二）人际交往中的认知偏差和心理障碍

在人际交往中，有时我们会出现所谓的认知偏差，这种认知偏差是人们在知觉自身、他人或外部环境时，常因自身或情境的原因使知觉结果出现失真的现象。典型的例子就是寓言故事中的盲人摸象。为什么人会出现认知偏差呢？有很多种不同的解释。经济学家认为，大脑通常采用简单程序应对复杂的环境，因此出现偏差也是在所难免。社会心理学家认为，认知偏差跟自我中心的思维倾向有关，是为了维持积极的自我形象，保持自尊或者维持良好的自我感觉。

进化心理学家认为，认知偏差都是自然选择配备给人们的行为手册，指导人们以犯错误的方式适应世界，因为如果不犯这种错误，就可能会犯代价更高的错误。举例来说，把有毒的蘑菇当成没毒的风险就远远高于相反的情形。因此，假如一个原始人在野外找吃的，看到一种从来没见过的蘑菇，在不能判断其是否有毒的情况下，假设蘑菇有毒的代价无疑是可以接受的（即使这种判断可能是错的），顶多就是挨饿。可这位老兄要是饥不择食，假设蘑菇是没毒的，恐怕就要付出中毒身亡的代价。因此，认为不熟悉的蘑菇可能有毒的错误感知和判断能帮助人们更容易生存下来。

在人际交往过程中有很多种认知偏差。

（1）首因效应，又叫第一印象效应。研究发现，第一印象中55%的比例来自一个人的外表，38%的比例来自对方的肢体语言、神态、语气等，只有7%的比例来自对方的谈话内容。既然第一印象这么重要，我们应该怎样给陌生人建立良好的第一印象呢？艾根提出一个"SOIER"模式。"S"表示保持适当的距离，一般坐姿或者站姿要面对着对方；"O"表示姿态要开放、自然；"I"表示身体要微微前倾；"E"表示目光要有接触；"R"表示要放松。总之，就是要表现出我很尊重你、对你很有兴趣，我内心是接纳你的，你可以随意地感觉。

（2）近因效应，就是最新出现的刺激物促使印象形成的心理效果。比如我们在描述一个人的时候，如果先讲了他的许多优点，然后话锋一转，"但是……"开始介绍他的缺点。"但是"后面的话会使人形成更深刻的印象。

因此，为了避免近因效应带来的认知偏差，我们要注意认真对待每一次交往，要有好的开始，也要重视好的结尾，否则再好的"第一印象"也没有用。与他人之间因一时之气而发生冲突或是谴责别人时，要开诚布公，积极沟通。要记得安慰和道歉，知错马上改，亡羊补牢。反过来，我们在看待人或事物时，也要历史地、全面地看，而不能只看一时一事，才可以避免近因效应导致的认知偏差。

（3）晕轮效应，又叫光环效应，是指在人际交往中以偏概全（全盘肯定或否定）的主观印象。要避免受其影响，我们就要尽量消除偏见，多角度分析取舍。

（4）刻板印象，又叫定势效应，是指个人受社会影响而对某些人或事持固定不变的看法。要避免受其影响，就要注意不要戴着有色眼镜看人，要就事论事，实事求是地分析。

（5）投射效应，是指认为自己具有某种特性，他人也一定会有与自己相同的特性。要避免受其影响，就要注意不要片面地以己论人，要顾及他人感受，要懂得"己所不欲，勿施于人"。

黄金规则，就是要"像你希望别人如何待你那样去对待别人"，而不要总是希望"别人必须像我希望的那样对待我。"

在生活中常见的人际交往心理障碍，包括以下五种。

（1）羞怯与恐惧心理，表现为紧张、胆怯、害怕。表情羞涩、脸色绯红、神情不自然，行为拘谨、动作忸怩、被动交流、说话声音颤抖，以至于手足无措，语无伦次，不能充分表达自己的思想感情。严重者不敢见人，拒绝与任何人交往，自我孤立，抑郁消沉。常见的情景包括异性恐惧、聚餐恐惧、会议发言恐惧等。造成这种心理的原因主要是缺乏自信，患得患失。对自己要求过高，往往追求完美印象，或者人际交往经历中曾经有过挫折。

（2）自卑与自闭心理。在人际交往中，有的时候我们会自觉低人一等，感到惭愧、畏缩甚至灰心，缺乏独立主见，觉得非常孤独，但又不愿与人交往。背后的深层原因是自己看不起自己，对自己的评价过低，理想自我与现实自我有很多的冲突。

（3）嫉妒心理和敌对心理。表现在对他人的长处、成就、荣誉、名望十分不满，抱有不友好，甚至是憎恨情绪，冷嘲热讽，恶意诽谤；对别人的不幸幸灾乐祸；严重者仇视他人，厌恶他人，甚至有报复和攻击行为。造成这种心理的原因主要是争强好胜、虚荣和不自信。

（4）敏感和猜忌心理。对他人的言行过分警觉，敏感、多疑，总以为别人看不起自己、在背后议论自己；喜欢把无中生有的事强加于人，甚至有时把别人的好心曲解为恶意；严重者发展为癔症或被害妄想；做事谨小慎微，生怕引起别人的不满；经常感到伤感、焦虑。造成这种心理的原因是防御过度，不信任他人，不自信，喜欢自我投射，或者曾有过挫折的经历。

（5）自我中心与自傲。表现在只关心自我的需要、兴趣和利益得失，总强调自己的感受而忽视他人。居高临下、盛气凌人，过于相信自己而不相信他人，固执己见；自大，过分自我欣赏，乐于自我炫耀，甚至将他人置于尴尬的境地；容易产生嫉妒感。这种心理产生的外在原因主要来自小时候父母和教师的不当教育。内在原因是虚荣和不自信。它的调节方式主要是学会全面认识自我，多做自我批评，能够设身处地地换位思考。

在团体辅导过程中，要善于利用团体中的人际互动来触动学生敏感而稚嫩的心灵，转换人际交往中的认知偏差，并帮助学生识别自己人际交往中的障碍与问题。要帮助学生理解"金无足赤，人无完人"；要让学生相信自己，虽然在某些方面不如人，但可以在其他方面做得更好。要善于学习别人的长处，寻找自己的闪光点，开发自己的潜能，不断提高自身的素质。对于有人际障碍的学生，应该努力营造团体中温暖、接纳、支持性的团体氛围，使他们在团体中体验到真诚的人际关系，觉察到自己被团体重视，并且可以发挥自己的才能，对团体中的其他人产生积极的作用，从而消除不健康的心理。

## （三）人际边界与心理健康

我们的个人边界不仅是身体上的，还有心理上的。身体上的边界表现在个人的空间以及接触上的考虑。可以通过衣着、住所、噪声容忍度、言语指示以及身体语言来表达。心理的边界表现在我们的想法、观念、感受是否独立于他人。它的功能主要是维护我们健康的自我价值并帮助我们控制情绪。

我们每个人都拥有自己的某种边界。比如我们有自己的智力价值与边界，包括个人的想法和意见；我们有情感价值与边界，包括情绪和感受；我们拥有躯体价值和边界，包括只属于我们自己的私人空间，无论它的大小；我们还拥有社会价值和边界，包括所结交的朋友以及自己的交友圈，参加自己想要的社会场合；最后，我们还有自己的精神价值边界，包括精神信仰和信念。

有学者认为，人的边界可以大致分为四种风格。

（1）柔软型：容易融入他人的边界之中，也容易被他人影响和控制，很难对他人说不。

（2）刚硬型：有的人边界是封闭的，或者是隔离的，很难信任他人和感到安全，所以很少有人能够真正靠近他们。

（3）海绵型：柔软型和刚硬型的混合体，比柔软型少但比刚硬型更多受到他人情绪的影响。这类人自身往往是矛盾的，对边界没有清晰的意识，不确定将什么纳入边界，或者将什么排除在边界以外。

（4）灵活型。这类人能够自己控制边界，决定让什么进入，让什么保持在外，也能够抵御情感上的感染和控制，很难被他人所利用。

以上四种类型中，前三种都不太健康，只有第四种是比较理想的个人边界类型。知道自己和对方的边界在我们的社交活动中非常重要。有一些常见的不健康的个人边界表现，比如为了讨好别人而放弃自己的价值观和权利；时常想要拯救自己亲近的人，为他们解决人生问题；让别人定义自己，期待别人自动满足自己的要求；拒绝别人时经常心情不好或者感到愧疚；为了得到别人的关爱而故意崩溃；当被糟糕对待时忍气吞声。

健康的个人边界往往表现在以下六个方面：①边界一定是现成的、清晰的；②是合适的，非控制性和操纵性的；③灵活，不是坚硬、无法改变的；④是保护性而非伤害性的；⑤是接受性而非攻击性的；⑥是为自我而建立的，而非为了他人。换句话说，健康的个人边界就是自己对自己的情绪和行为负责，并且不对他人的情绪和行为负责。

在团体辅导中，教师要有意识地训练学生识别自己的人际边界，同时告诉学生当边界被打破的时候应如何表达。例如，团体中有同学说了或做了什么，让你感觉受伤？应该鼓励学生在团体中真诚地告知小组成员，对方说了什么或者做了什么让你感觉受伤了。通过有意识的训练，学生会慢慢建立起并适当地表达出自己的边界，人际交往也会变得更加自信和健康。第一，要明确每个人都有建立个人边界的权利，这个边界一定是清晰的，同时也是彼此尊重的；第二，要学会分辨出哪些是你无法接受的行为，团体中要多注意自己的感受，可以帮助自己慢慢列出自己边界的清单；第三，别人的需求和情绪不一定比自己的更重要，立场坚定不等于不近人情；第四，在团体中要学会拒绝。生活中，一味隐忍不见得是有效的。表明个人界限并适当地拒绝，反而有助于关系的发展。拒绝别人的时候，立场要坚定。有时候直接面对他人说"不"可能会很难，可能会很可怕，所以可以从小事开始表明和坚守你的立场，一点点让自己进步。

## （四）人际沟通的TA分析

人类有与他人分享思想与感情的需要，需要被了解，也需要了解别人。沟通既是一门科学，更是一门艺术。艾瑞克·伯恩创立的TA沟通分析，又称交互分析理论，是一种针对个人的成长和改变的有系统的心理治疗方法。该理论认为，一个人会逐渐形成三种自我，分别为儿童状态的自我、父母状态的自我和成人状态的自我。

儿童状态具有像婴幼儿那样的冲动，表现为服从和任人摆布。他们一会儿温和可爱，一会儿乱发脾气。行为表现为遇事畏缩、感情用事，表达观点时常用带有"我猜想""我不知道"这样的话语。

父母状态以权威和优越感为标志，通常表现为统治、训斥、责骂等。行为表现为凭主观印象办事，独断、独行，滥用权威，表达观点时常用"你应该""你不能""你必须"这类话语。

成人状态表现为注重事实根据，善于进行客观理智的分析。行为表现为待人接物冷静，慎思明断，尊重他人。表达观点时常用"我个人的想法是……"这类话语。

TA理论认为，沟通过程是一个人的父母自我、成人自我或儿童自我指向另一个人的三种自我，由此会产生三种沟通方式。其中第一种叫作互补沟通，又称平行沟通，是指刺激和回应是平行的，因为双方的状态使彼此的期待都可以得到满足，因此沟通是愉快而顺畅的。第二种方式是交错状态，也就是发起方希望对方所采用的自我状态和接受方实际回应不一致时，会引发发起方不适当的自我状态，使沟通交错而中断。此时，人们可能退缩、逃避或者转换沟通方式。交错沟通并非完全不好，有时双方可能会困在一种无效的互补沟通模式中，此时如果改变自我状态或转换到另一种自我状态，使沟通交错发生，可能引发有益的想法、看法来面对问题，并促使下次的沟通变得有意义。第三种方式叫作隐藏沟通，是双重信息的传递，也就是将自己的期待隐藏在话语里面，希望别人可以懂得。如果隐藏的心理信息被了解与接受，便可能是愉快的沟通，否则便会有不舒服的感觉。

在童年的早期，每个人都会形成一种与人交往的主要方式，叫作生活定位。生活定位产生于两种观点的结合：第一，人是如何看待自己的？第二，总的来说，他们是如何看待其他人的？对每一问题的肯定或否定回答间的组合，导致了四种可能的生活定位。

理想的定位，同时也是在成人对成人的交互作用中最可能有的定位是"我好—你好"。它表现了有益的自我接受和对他人的尊重，最可能导致建设性的沟通，有益的冲突和彼此满意的正视结果。

心理学的研究还发现，人们在与他人的交往中会寻找安抚。一般来说，安抚表现为对另一方表示认可的任何行为，例如人们之间语言的和非语言的接触。

在团体辅导过程中，教师要引导学生学会以下五点：①学会说出自己的需求；②学会给予别人；③学会接受自己想要的部分，而不一定必须回报对方；④对那些不切实际的负面批评勇敢说"不"；⑤看重并认可自己的优点，协助自己"重复使用"别人曾给你的正面安抚。

## 二、学习人际交往技巧

### （一）利他、感恩、宽恕

亲社会行为是人与人之间形成和维持良好关系的重要基础，是一种积极的社会行为。所谓亲社会行为，又叫利社会行为，是指符合社会期望并对行为者本身无明显好处，而行为者却自觉自愿给行为的受体带来利益的一类行为。

进化心理学的研究发现，社会交换是在不同人类文化中普遍存在的。而在和人类差别很大的物种，例如在吸血蝙蝠的群体中，同样存在着明显的社会交换行为。人类以外的其他灵长目动物，例如黑猩猩、短尾猴中也存在着广泛的互助行为。如果说自然选择倾向于自私的设计，那么非亲属之间的利他行为又是如何进化出来的呢？互惠式的利他主义理论认为，只要利他者能够在将来的某个时刻从受惠者那里获得回馈，这种促使人向非亲属提供帮助的适应器就能得以进化。例如，蝙蝠会吐血给那些没有采集到血液的蝙蝠作为回报，他们自己可能有一天受益于类似的捐助，拒绝分享的蝙蝠将被群体记住，并且被排除在这种协作之外。

图比和科斯米德斯认为，合作和利他行为还有另外的潜在进化途径，那就是友谊。友谊似乎打破了互惠互利原则，我们帮助了一个人后要求对方马上给予回报的行为通常会被看作是缺乏友谊的标志。实际上，从长远来看，友谊会带来很多益处。

有六个方法可以帮助我们在人际中变得不可替代。

（1）提高你的声誉，让别人看到你的品质。

（2）拥有自己独特的个人特征。

（3）掌握一些专业的技能。

（4）要寻找适合你的生活圈子。

（5）离开那些不看重你的群体。

（6）击退拥有相同特质的竞争者。

异性友谊的交往同样也是互惠的，男性更多将短期的交往回报看作是异性交往的好处；而女性会更多将人身保护看作是异性友谊带来的好处。男女两性也都可以从异性朋友那里获得关于异性的信息。

巴森特的研究发现，同理心是人类助人行为的一个重要动机。提升同理心的方法包括与需要帮助的人更多地接触，体会人与人之间的相似性以及与独特的人相处。有时你会发现，那些有独特性的人其实依然有很多和我们的相似之处。

一些研究还发现，高感恩和一个人积极的情绪活力、希望及生活满意度的提高呈正相关。挫败通常引发心律失常和心律不齐，而感谢能产生更协调的心率模式。因此，学会感恩其实可以帮助我们提高自己的心理健康水平。

埃蒙斯和麦卡洛的研究发现，那些懂得感恩的人往往更乐观，更有活力，与他人有更多的联系，更可能有充足的睡眠。

唐尼对宽恕的研究认为，宽恕可以帮助受害者完成被侵犯后的认知和情感转变，受害者可以做出现实评定，确认侵犯者的责任。能帮助受害者慷慨地选择一笔勾销，进而消除自己的消极情绪，从本质上脱离受害者这个角色。

利他、感恩、宽恕都是健康、积极的心理品质。从帮助他人中得到好处，或者帮助他人后自我感觉良好，都是正常且正确的。感恩也提醒着我们，人与人之间需要互惠和彼此之间内在的相互关系。利他、感恩、宽恕的接受者通常也可能对他人做出更多的道德行为。更友善、更温和的人类意味着我们每个人都能理解对方的行为，体会到彼此的痛苦和悲伤，在我们帮助自己的邻居时，我们也会因自己的行为感觉良好。

## （二）学会沟通和赞美

你是一个善于沟通的人吗？哈佛大学的一项研究表明，在500名被解职的男女中，因为人际沟通不良而导致的不称职者占了82%之多。

生活中，沟通必不可少，它是人际关系的重要基础。沟通是心与心的对话，我们能够从沟通中得到智慧的启迪，沟通也是思想的碰撞和情感的联系。

人际沟通的起点，是要学会倾听。

美国知名主持人林克莱特在采访一名小朋友的时候问他："你长大后想做什么呀？"小朋友天真地回答："我要当飞机的驾驶员！"林克莱特接着问："如果有一天，你的飞机正飞在太平洋的上空，但是所有引擎都突然熄火了，你会怎么办？"小朋友想了想："我会先告诉坐在飞机上的人绑好安全带，然后我背上我的降落伞跳出去。"当现场的观众笑得东倒西歪时，林克莱特继续注视着孩子，想看他是不是自作聪明的家伙。没想到，孩子的眼中突然淌出两行热泪，于是林克莱特问他说："为什么要这么做？"

小孩的答案透露出了一个孩子真挚的想法："我要去拿燃料，然后回来救他们！"

你听别人说话时，真的能听懂对方所表达的意思吗？如果不懂，就努力听别人把话说完，这就是倾听的艺术。

首先，听不能只听一半，要让别人先把意思表达完整，再做回应。其次，不要把自己的想法随意投射到别人所说的话中，也就是以己之心，度人之腹。

人际沟通的关键就在于，你要让对方感觉到你是在认真地听他说话，而且理解了他的意思，体会到了他的心情。

我们要掌握以下一些聆听的法则。要学会关注于当下，不要随意打断对方，要记住对方谈话的重点，要听出对方所说的弦外之音，心中不要抱有成见，在沟通过程中要运用自己关注的目光和表情。此外，不要过早给对方下结论。对方表达完以后再开始提问题。交谈中，可以简短重复对方说话的重点，但不随便评价。如果有些没听明白的地方，要通过提问来澄清对方真正要表达的意思。在给对方建议前要先征询对方是否需要你的建议。

这些方法运用起来很简单，但能够帮助我们更好地聆听！

除了聆听，我们还要学会赞美，它是我们人际沟通的通行证。心理学家威廉·詹姆斯说过，人性最深层的需要就是渴望别人的欣赏。

美国的克利夫顿博士曾经在《你的水桶有多满？》一书中说过，每个人都有一只看不见的水桶和一把看不见的勺子，水桶满溢使人乐观积极，水桶见底令人丧气消极；我们每时每刻都面临一个选择：可以为各自水桶加水，也可以从各自水桶中舀水，但这个至关重要的选择却深刻影响着我们的人际关系、工作效率、身体健康和生活幸福度。

要学会以下几个赞美的小原则。

首先，赞美可以是直接赞美。要学会当着对方的面，以明确具体的语言，提及对方的名字（或尊称、昵称），微笑地赞美对方的行为、能力、外表或他拥有的物品。

当然，赞美也可以是间接的，要学会运用语言、眼神、动作、行为等向对方暗示自己赞赏的心情。

赞美要掌握分寸，不要弄巧成拙。不合乎实际的赞美其实是一种讽刺；违心地迎合、奉承和讨好，也有损于自己的人格。

另外，赞美的时候要注意情境。有时候，在有多人在场的情况下，恭维其中某一人，可能也会引起其他人不舒服的心理反应。赞美的方式也非常重要，比如说对方在某方面有明显的缺陷，那么就不要在这个方面进行违心的赞美，这会让对方觉得你很虚伪，你可以实事求是地赞美对方其他方面的优点。如果对方是公认的美女，一味赞美对方的美丽，可能会让对方觉得你很肤浅，你要赞美的，是她自己真正要想被赞美的方面。在团队中，对有贡献的成员要学会当众赞美，这样可以提升他工作的热情，也可以促使他变得更加优秀。对不熟悉的人，要学会间接赞美，小心弄巧成拙。要学会赞美得更具体：对方到底说了什么，做了什么才让你觉得他很好。

## （三）人际冲突管理

冲突是生活的常态，很多时候我们无法避免冲突，但是我们应该了解它的构成和产生，并学会寻求积极的解决方法，这是人际交往的一种核心技能。

人际冲突往往是由交往的双方不相容所带来的某种紧张状态。人际冲突一定不是单方面的，而是双方都有某种主观的感受。它是一个动态的、不断改变的历程，要么协商解决，要么冲突不断升级，最终导致关系破裂。

为什么人际冲突是不可避免的呢？因为产生冲突，最主要的原因是差异。虽然并不是所有的差异都会造成冲突，但是冲突一定是因为两个人在某些方面的差异造成的。在校园生活中，沟通障碍、习惯差异、观念差异、个性差异、利益不同等都会带来各种各样的人际冲突。

应该如何看待人际冲突呢？实际上，人际冲突既是关系的破坏者，又是关系的推动者。所谓关系的破坏者，是指冲突会唤起强烈的消极情绪，如不满和不信任，冲突的升级常常会导致交往中的防御、固执和退缩。最坏的情况是，冲突会导致身体上的恐吓和实际的暴力行为，这些都会妨碍问题的建设性解决。然而，冲突有时也会成为关系的推动者。

冲突可以为双方提供一个澄清差异的机会，并改变双方对关系的期望。争吵可以让双方有机会检验自己和对方对关系的依赖程度，发现彼此感情的深厚程度，并努力创造一段满意的关系。要注意的是，破坏还是推动，取决于解决冲突的方式，而非冲突是否存在。

科尔曼的研究发现，人们有回避、强迫、克制迁就、妥协折中、合作五种处理人际冲突的策略。另有研究发现，"以理抗争"是大多数大学生面对人际冲突时采取的应对方式。大一新生最经常使用的是合作处理方式；大二学生转为使用克制迁就处理最多，到了大三、大四，合作处理来解决人际冲突又成为主流。再具体分析不同年级对不同处理方式效果的评价，四个年级在大方向上均认为合作处理效果最好。

当冲突发生时，我们可以采取以下四个小技巧帮助我们应对。

（1）学会适当冷处理。如果你发现自己正处于激烈的争论中，此时你该做的是离开一段时间冷静一下。散散步或者找一个头脑清醒的朋友谈谈心，让自己的头脑冷静下来。人一旦有了对立情绪，在好胜心的驱使下，所想所做的都是怎么对自己有利、怎么压制对方，不再考虑事情的对错。所以，暂时冷处理也能缓解双方的对立情绪，如果你先退一步，对方也会跟着退一步。

（2）学会聚焦此时此刻。你的争执可能是为了实现你的某个目的，或是指出某种行为不符合你的价值观，但一定不是为了要贬低对方的人格。只要你愿意争执，你就是将对方视为与你平等的人，并且认为他的行为有可能发生改变，或者说，有可能朝着你所期待的方向改变。所以，在争执中，你要聚焦于对方的行为，并且这些行为是可以改善的，而不是欺压对方的人格，因为人身尊严不可诋毁。

（3）学会坦诚沟通，积极聆听。即使在愤怒的时候，也要尽可能用简单直白的语言把自己的意图表达出来，而不是使用饱含情绪的词汇甚至肢体动作。要学会聚焦于自身感受，并表达出来，无论愤怒、失望或伤心，这是你明确知晓的；但是不要聚焦于对方，因为你并不像你自以为的那样了解对方。在冲突发生时，对方也许并没有意识到（或有意忽略）他的行为使你很烦恼，因此，需要直接明确地指出这一点。注意，要避免使用过于绝对的概括性词语，比如"总是""从来""一直""完全"等。

（4）学会道歉。道歉不仅不是件丢脸的事情，反而更能体现一个人良好的人品与修养。冲突发生后，要先从自己身上找原因，如果真有自己的过错，就要及时道歉。时间宜早不宜迟，并且最好是亲自道歉。可以约对方到一个环境优雅安静的地方，双方都能平心静气，自然也就容易推心置腹、开诚布公地谈一谈心，化干戈为玉帛。

所有人际问题都是反观自己的镜子。关系越紧密，冲突越激烈，越能令我们更深刻、更全面地认识自己，看清自己很多方面的盲区。所以，不要担心生活中的人际冲突，而应该努力让自己在冲突发生后学会成长。

## 三、团体设计

### （一）团体理论

#### 1. 人际交往理论

人际交往理论建立在对人际关系行为模式研究的基础上。这方面的理论包括象征性交往理论、场合交往理论、自我呈现理论及社会交换理论。

（1）象征性交往理论。

这是一种强调人类生活和行为意义的社会生活理论观。包括目的性和冲突性、社会生活的相对开放性、社会结构的不稳定性、主观解释的重要性、道德和社会规则的文化相对性以及自我的社会结构性。美国学者米德是这个理论发展中的一个重要的奠基人。其主要理论内容包括以下四点。

第一，强调个体意义上符号和语言的作用。简单说就是以交往者在人际关系中所担当的角色来预估他人的反应。

第二，每个交往者都有自己的一套符号系统。其中符号分为两种，一种是具体的自然符号，另一种是抽象的人为符号。在人际交往中，最重要的是语言文字符号，人们用它来交流思想，沟通情感，它是影响人际关系发展水平和方向的重要因素。

第三，米德从人的心理出发，提出了一个公式：刺激→符号的意义→反应。这个公式强调主观的我与客观的我的相互作用，强调语言对象的相互作用，强调交往者之间的相互作用。

第四，一个人在产生某一行为时，作为行为的中介过程必须估计到他人对此的反应。通过担当潜在的角色来评估他人的应答，然后产生对他人的行动，同时也产生他人对自己施予刺激的反应，通过评价预期反应与实际反应的一致程度，再对自己的行为进行调节。

（2）场合交往理论。

交往中的个体受两个因素影响，一是交往者怎样认识自己所面对的交往情境，二是交往者怎样认识自己的交往行为。场合交往理论强调在交往中应重视情境、场合，重视具体情况具体分析，这对我们是有参考价值的。然而，它把复杂的人际关系情境简单化，忽视了人作为社会人的一面，过分夸大了情境、场合的作用。

（3）自我呈现理论。

运用多种策略控制和反馈自己外在印象的理论。属于社会相互作用理论的一种，主要阐述人际关系中的自我表现，自我暴露问题。

这个理论认为人际交往在于交往者，借助于自己的言语行动向对方述说有关自己的事情。这个理论强调自我呈现是社会影响的一种手段，认为人在交往中可能有不同的动机和目的，自始至终笼罩着一种谋划的气氛。

（4）社会交换理论。

社会交换理论是一组解释人际交往活动规律的理论，主要有以下三个观点：①人际交往活动具有社会性；②各种交往关系都会涉及谋划者的报酬和代价；③交往中存在着一种分配上的公平原则。

这个理论认为人与人之间的关系是平等的，而且人在交往过程中都是重视物质利益和交往效果的。但是忽视了人的社会性，把人与人之间复杂的关系简单化、经济化，用单一的理论解释复杂的现象，有点贬低人与人之间的关系。

**2. 具身认知理论**

具身认知，也称具体化，是心理学中一个新兴的研究领域。具身认知理论主要指生理体验与心理状态之间有着强烈的联系。生理体验"激活"心理感觉；反之亦然。简言之，就是人在开心的时候会微笑；反过来，如果微笑，人也会趋向于变得更开心。

**3. 乔哈里视窗**

1969年，美国心理学家乔·鲁夫特和哈里·英格汉对人际沟通进行了深入研究，根据"自己知道—自己不知"和"他人知道—他人不知"这两个维度，依据人际传播双方对传播内容的熟悉程度，将人际沟通信息划分为四个区：开放区、盲目区、隐秘区（又称隐藏区）和未知区（也称封闭区），这个理论被称为"乔哈里视窗"，也被称为"自我意识的发现—反馈模型"。

（1）沟通视窗的信息四区间。

**公开区**：你自己知道，同时别人也知道的一些信息，如姓名、家乡、身高、体重等。

**盲区**：自己意识不到，但是别人能够看到的缺点，如性格上的弱点或者坏的习惯等。

**隐藏区**：关于你的某些信息，你自己知道，但是别人不知道，例如阴谋、秘密等。

**未知区**：就是关于你的某些信息，你自己不知道，别人也不知道，例如某人身体中隐藏的疾病。

（2）沟通视窗的运用技巧。

**在公开区的技巧**：你的信息他知道，别人也知道，这会给人什么样的感觉呢？善于交往的人、非常随和的人，这样的人容易赢得我们的信任，容易和他人进行合作性的沟通。要想使你的公开区变大，就要多说、多询问，询问别人对你的看法和反馈。这从另一个侧面告诉我们，多说、多问不仅是一种沟通技巧，同时也能赢得别人的信任，信任是沟通的基础，有了基础，就不难建起稳固的高楼大厦。

**在盲区的技巧**：一个盲区最大的人，会有怎样的表现？一般来说，他会是一个不拘小节、夸夸其谈的人。他有很多不足之处，别人看得见，他却看不见。造成盲区大的原因就是他说得太多，问得太少，不去了解别人对他的反馈。所以在沟通中，我们不仅要多说，更要多问，才能避免盲区过大的情况发生。

**在隐藏区的技巧**：隐藏区最大的人，表现为关于他的信息，别人都不知道，只有他一个人知道。这是一个内心封闭的人，或者说是个很神秘的人。这样的人，旁人对他的信任度是很低的。与这样的人沟通，旁人合作的态度就会少一些，因为他的神秘、封闭，往往会引起别人的防范心理。是什么造成他的隐藏区最大？往往都是因为他问得多，说得少，不擅长主动告诉别人关于自己的信息。

**在未知区的技巧**：未知区大，就是关于他的信息，他和别人都不知道。这样的人，他不会关心别人对自己的了解，也不主动向别人介绍自己。

## （二）团体目标

（1）引导成员自我探索、自我表露，学会在别人面前真诚。

（2）了解别人，协助成员体悟到彼此的不同，进而接纳、尊重别人。

（3）探索自己的人际圈子，发现自己目前人际交往中的优势和不足。

（4）针对人际间的非理性想法加以讨论、澄清，建立正确的人际交往态度。

（5）练习沟通及人际间的有效行为与技巧。

## （三）注意事项

（1）每次团体选择一个小组长组织活动，做好预备工作。

（2）告诉学生在活动过程中，可以按照自己的想法分享自己愿意分享的部分，而不是必须要什么都说出来。

（3）强调小组内成员不要评价、批评和分析其他学生，对别人讲的故事要保密。

（4）每次活动结束后，指导教师要进行简短总结。

# 四、团体辅导实施

## （一）交朋识友

### 1. 目标

（1）激发成员对小组成员彼此的兴趣。

（2）促进成员相互认识，打破人际交往障碍。

### 2. 方案一

| 活动名称 | 活动过程 | 活动目标 |
| --- | --- | --- |
| 分组 | 通过报数，将学生每5~6个人分为一组，为确保每组男女比例平衡，可以男女生分开报数，混合组队。如果之前课程已经有固定分组，也可以按照原来的小组开展活动（约4分钟） | 将大班分为几个小组 |

续表

| 活动名称 | 活动过程 | 活动目标 |
|---|---|---|
| 相似圈 | 每个小组的成员围成一圈，每个人说出一件和自己有关的事情，并向前伸手，其他有一样体验的成员也一起伸出手。例如：我想知道小组里有谁和我一样喜欢看电影，一样的同学请伸手；我想知道小组里有谁和我一样喜欢养宠物，一样的同学请伸手……（教师需要提醒：我们要想找到和自己类似的朋友，有时候需要主动分享自己的内心。分享不是为了窥探别人隐私，而是寻找和我们一样的人。因此只能分享自己真实存在的事实和感受，不能讲不属于自己的部分）<br>（约6分钟） | 激发小组乐趣，让成员放松，并且逐渐在小组内获得安全感 |
| 猜名字 | 成员围成圆圈坐下后，每个人用一个动作来表达自己的名字。指导教师可以先用自己的名字举例，用一个简单点的动作表达自己的名字，并告诉学生们这个名字的来源和对自己的意义。然后小组成员开始活动，每一个人做完动作之后，要先等所有组员猜过一轮，再正式揭晓自己的姓名及其含义。然后向组员们谈谈自己名字的来源，以及姓名对你来说有什么特别的意义<br>（约15分钟） | 通过动作表达，突破自我局限。继续通过名字的介绍，加强对小组成员的认识 |
| 模仿秀 | 在全班同学中选择几个小组，让他们全部起立，成员集体行动，逐个将每个成员的名字用他刚才的动作模仿出来，并出声说出这个姓名。注意要让每个组员都行动起来，如果遗忘了，就相互提醒一下<br>（约8分钟） | 通过模仿，加强对彼此的记忆，同时一起做动作可以消除尴尬，加强班级互动 |
| 分享 | 请成员分享在这个活动过程中有什么样的感受和发现，对于自己有没有一些新的理解和感受。<br>当听到别人的分享时，最触动自己的部分是什么，并告诉这个组员<br>（约10分钟） | 通过分享自己的感受，让小组成员更加彼此了解，并且看到彼此之间的相似和不同 |
| 教师总结 | （12分钟） | 点明人际交往的重要性 |

## 3. 方案二

| 活动名称 | 活动过程 | 活动目标 |
|---|---|---|
| 分组 | 通过报数，将学生每5~6个人分为一组，为确保每组男女比例平衡，可以男女生分开报数，混合组队。如果之前课程已经有固定分组，也可以按照原来的小组开展活动<br>（约3分钟） | 将大班分为几个小组 |

续表

| 活动名称 | 活动过程 | 活动目标 |
|---|---|---|
| 森林漫步 | 一人准备一张白纸。播放一首舒缓的纯音乐，让学生在座位上闭目放松冥想。想象自己在一片美丽的森林中散步，陆续遇到不同的动物，有各种鸟类、鱼类、兽类等等。请想象其中你自己觉得和你最像的一种动物，当你想好之后，就睁开眼睛，把它简单地画在纸上。一边画一边思考：这个动物和我有什么相似之处<br>（约10分钟） | 让成员在放松和有趣的情境中开始探索自己 |
| 寻找邻居 | 小组中不同的动物现在要生活在同一片树林中成为邻居，为了和睦相处，需要更好地彼此认识。请每个人把自己的动物都放在小组中，先观察一下组里出现了哪些种类的动物。向小组成员介绍你的动物有什么特点，在这个森林中它会是一个什么样的角色，它希望拥有一个什么样的邻居<br>（约15分钟） | 通过投射性描述，帮助小组成员认识自己在群体中的角色以及自己人际交往中的期待 |
| 森林聚会 | 每个小组选一名代表，在班级里介绍自己小组的动物：都有哪些动物？它们的特点是什么？它们决定如何相处<br>（约5分钟） | 通过班级中的集体分享，让更多同学理解人与人之间的相似和不同，并且探索相处之道 |
| 小组分享 | （1）自己今天选择这种动物的理由；<br>（2）通过这个活动对自己的认识；<br>（3）当听到别人的故事时，你的感受，有没有组员的故事让你很有感触，告诉这个组员<br>（约10分钟） | 通过分享，让小组成员直接更加彼此了解，并且看到彼此之间的相似和不同 |
| 教师总结 | （约2分钟） | 点明人际交往的重要性 |

## （二）克服人际自卑

### 1. 目标

（1）学会面对自己的自卑情绪。

（2）通过分享了解自卑的普遍性和特殊性。

## 2. 方案一

| 活动名称 | 活动过程 | 活动目标 |
|---|---|---|
| 冥想 | 同学们安静地选用最舒适的姿势（可以长时间保持稳定不动且不疲倦的姿势）坐在座位上，这样更容易集中注意力，练习前要做几个缓慢深长的呼吸，让自己平静下来，感受与心灵的对话，逐渐进入回忆，寻找曾经让自己自卑的场景。冥想时的背景音乐选用抒情的，调子舒缓为佳<br>（约5分钟） | 唤醒记忆中有关自卑的事件和感受 |
| 欧卡投射潜意识与分享 | 要求抽卡时都用左手。每位同学仔细观察自己抽到的卡片，会联想到什么？如在什么场景下发生的？什么原因？有什么人在场？带给你怎样的感受？接着在小组内分享（教师需要提醒：我们要想找到和自己类似经历的朋友，有时候需要主动告诉别人自己的经历和感受。分享不是为了窥探别人隐私，而是寻找和我们一样的人。因此只能分享自己真实的经历和感受，不能讲不属于自己的部分）<br>（约15分钟） | 通过投射出潜意识，加强对自己自卑原因的认识，通过分享自己的感受，让小组成员更加彼此坦诚，并且看到彼此之间的相似和不同 |
| 想象绘画 | 在白纸任意位置用笔画出卡片以外的部分，强调想象没有对错。<br>在小组里分享：介绍抽到的图卡和画出的图案，在听完小组内的分享后有没有新的理解和感受？当听到别人的分享时，最受触动的部分是什么<br>（10分钟） | 进一步促进学生关于自卑感受的体验和觉察 |
| 分享与总结 | （1）选择几个学生在班级中分享自己的收获；<br>（2）教师总结：听完同学们的感受、看法后，老师对于自卑的相关内容进行总结。如果没有缺点，就难以明白优点的可贵；如果没有缺点，人群中你又有什么不同，正确看待缺点，正确看待缺点带给你的不堪、自卑。学会处理负面情绪的方法，例如，交一两个知心好友，让自己的生活变得丰富起来，培养更多的个人爱好，如果你做到了，你就会发现，其实生活中有太多美好的东西<br>（约15分钟） | 讲解自卑可能带来的影响，进一步帮助学生处理自卑的感受 |

## 3. 方案二

| 活动名称 | 活动过程 | 活动目标 |
|---|---|---|
| 大比拼游戏 | 在不告知比赛内容的前提下，每组派出一位他们认为会赢得比赛的组员。人选确定后，老师再公布比什么。不断轮换成员，然后统计输赢次数。<br>注意：这个游戏的题目就是要尽量不会被大家猜中，越有趣越好！如，比长：比手臂、比上衣、比头发；比短：比手指头、比裤子或裙子；比高：比声调、比手抬起来的高度；比大：比眼睛、比手掌；比多：比身上饰物、比穿的衣服、比身上的扣子……题目必须在看到被派出的人之前想好<br>（约7分钟） | 让学生在游戏中放松，同时发觉每个人的不同 |
| 内省投射 | 让同学们闭上眼睛，身体放松，伴随着背景音乐，把自己想象成一只自卑的小动物，感受一下，是什么原因让这只小动物感觉自卑？把想象到的内容用自己舒服的方式画在纸上<br>（约8分钟） | 通过绘画，投射内心自卑的感受，宣泄出负面情绪 |
| 故事分享 | 每个人在小组内轮流讲述一个自己所画的小动物自卑的故事，在这个过程中注意小组内不评价、不建议、不分析。小组成员投入去听别人所讲的故事，并轮流说说听完这些故事后自己的感受<br>（约10分钟） | 通过分析造成自卑心理的原因，加深同学们对自卑的认识 |
| 挑战自卑 | 小组群策群力，讨论一下如何在人际互动中让自己变得更有自信。总结出切实可行的方法，每组选一个代表在班级里进行分享<br>（约10分钟） | 通过脑力激荡方式，帮助学生获得人际交往自信的新思路和新方法 |
| 教师总结 | 介绍克服人际自卑的方法。常用的有如下几种：建立正确的自我认知，进行积极的自我暗示，采用心理排除法学会找出自己的长处和优点，运用行为补偿法针对自己的不足进行针对性的训练，记住同学的姓名，学会主动和朋友打招呼，学会拒绝等<br>（约15分钟） | 归纳总结同学们探索克服人际自卑的方法，并提供专业指导 |

# （三）人际沟通

## 1. 目标

（1）探索自己的人际圈子，发现自己目前人际交往中的优势和不足。

（2）针对人际间的非理性想法加以讨论、澄清，建立正确的人际交往态度。

（3）练习沟通及人际间的有效行为与技巧。

（4）学会表达感恩，运用赞美与倾听来改善人际交往。

### 2. 方案一

| 活动名称 | 活动过程 | 活动目标 |
| --- | --- | --- |
| 分组 | 通过报数，将学生每5~6个人分为一组，为确保每组男女比例平衡，可以男女生分开报数，混合组队。如果之前课程已经有固定分组，也可以按照原来的小组开展活动<br>（约4分钟） | 将大班分为几个小组 |
| 传递电波 | 让所有成员手拉手站成一圈，任选某一成员（如A）作为"电波"传递的起点。当老师说"开始"时，A按顺时针（或逆时针）方向向相邻的同伴传递"电波"（即一个信号，如轻捏一下相邻同伴的手）。当每位成员收到"电波"后要用最快的速度传递给下一位成员。以此类推，直到"电波"回到起点，即A处。当A收到电波时，大喊"收到"。<br>当所有成员都熟悉操作之后，老师要求变更"电波"传递的方向，如由原来的沿顺时针方向传递变为沿逆时针方向传递。当"电波"沿着新方向被传递几次之后，再一次加大传递的难度，如要求队员们闭上眼睛或是背向圆心站立。<br>在游戏快要结束的时候，为了使游戏更加有趣，悄悄告诉A同时向两个方向传递"电波"，而且不要声张，看看这样会带来什么有趣的效果<br>（约6分钟） | 激发小组乐趣，让成员放松，并且逐渐在小组内获得安全感 |
| 传话员（沟通游戏） | 材料准备：一人一张白纸、可选择的图形（图案不要太复杂，一般为2~3个简单几何图的拼接或者叠加）。<br>游戏过程：<br>（1）每组派一名组员上台担任"传话员"，其余人员都作为"倾听者"，"传话员"看样图1~2分钟，背对全体"倾听者"，下达画图指令；<br>（2）"倾听者"们根据"传话员"的指令画出样图上的图形，"倾听者"不许提问、不许发出声音，每个人独立作图；<br>（3）答案公布，并对比原图案与"倾听者"的作品，想想这个过程中发生了什么<br>（10分钟） | 让成员体验沟通中存在的问题 |
| 分享 | 请小组成员分享在这个活动过程中的感受和发现，以及听到别人的分享时最受触动的部分是什么。讨论一下生活中是什么原因带来人际沟通上的困难<br>（15分钟） | 通过分享的感受，加强小组成员之间的联结，并进一步厘清沟通中的常见问题 |

续表

| 活动名称 | 活动过程 | 活动目标 |
|---|---|---|
| 教师总结 | （约15分钟） | 点明人际沟通的重要性 |

### 3. 方案二

| 活动名称 | 活动过程 | 活动目标 |
|---|---|---|
| 小游戏 | 小组围坐一圈，给每个同学发一张小卡片，让他们观察一下右手边的同学，拿起笔，写下他/她身上吸引你或是值得赞许的地方（要在3分钟内尽量多地发觉）。把卡片送给右边的那位同学，然后每个人仔细阅读自己手中的卡片，注意这个过程中不需要作出任何解释（6分钟） | 通过游戏，探索他人眼中的我，并探索赞美的方式 |
| 小组分享 | 生活中，你是否会赞美别人？当我们被人赞美和赞美别人的时候，会有什么样的想法和感受？（14分钟） | 通过分享，了解人际交往中应该如何赞美别人 |
| 夸夸群 | 每人选择左手边的组员，用语言当面赞美他/她。被赞美的人先接受这个赞美，并用自己的方式回应赞美者（15分钟） | 情境带入，进一步练习如何以别人舒服的方式赞美别人，同时回应别人的赞美 |
| 分享与总结 | （1）小组讨论：当听到别人赞美自己的时候，如何回应对方，才能让对方感觉舒服；<br>（2）每组选一个代表，把小组里讨论的收获在班级中分享；<br>（3）教师总结<br>（15分钟） | 让学生了解到：人际交往需要用心去维持；分歧是无法避免的，但是交往技巧是可以选择的；赞美等沟通技巧的学习是很必要的 |

### 4. 方案三

| 活动名称 | 活动过程 | 活动目标 |
|---|---|---|
| 故事启迪 | 讲述感恩故事，然后请学生自愿进行分享，谈谈自己的感受（畅所欲言，适当引导学生感受父母对自己的爱）（5分钟） | 激发学生对感恩话题的兴趣，让学生初步体验感恩 |

续表

| 活动名称 | | 活动过程 |
|---|---|---|
| 创设情境 | 放轻音乐，让学生闭目冥想：回忆自己从一个牙牙学语的孩子成长到现在，身边的陪伴者（可以是长辈、老师、朋友、同学等）做了哪些事情曾让你感动，或者给你带来了什么样的帮助？如果让你对他们说一句话表达你此时的心情和想法，你会说什么？<br>请学生在小组里分享<br>（15分钟） | 让学生感受自己曾经拥有的关心和爱护，进一步探索体验感恩，并通过分享引发学生的共鸣 |
| 小小测试 | 请学生依次在纸上写下下列问题的答案：<br>你是否了解曾经主动关心过你的这位"贵人"？<br>你是否直接和他/她表达过你的感谢？<br>你是否在生活中也如同你的"贵人"对你这样对待过其他人？<br>你是否会经常主动和他/她联系，关心对方的近况？<br>你是否记得他/她的生日、身高体重、喜欢什么等？<br>小组讨论：生活中，你如何表达你的感恩？又是什么让你不能表达这种感受？<br>（15分钟） | 情境带入，进一步让学生探索自己是否懂得表达感恩 |
| 再创情境 | 在成长过程中给予我们爱和帮助，让我们感动的人有很多，说到感恩，除了父母你还会想到谁？（板书：老师、同学、亲人、陌生人……）说说和他们的故事，你有什么感受？你从他们身上学到了什么？生活中你会怎么做？选择一个故事在小组中分享<br>（10分钟） | 将感恩体验拓展到更多人，让学生体验对其他人的感恩，并学会向他人表达感恩，使感恩体验得到扩展 |
| 教师总结 | （1）感恩的界定：是因意识到被给予而自发认为是被恩赐或被爱，从而有感谢对方的意愿产生的心理活动或现实行动，是对一个人是否具备善良品质的基本参考特征之一；<br>（2）感恩与心理健康水平之间的关系、感恩对群体的意义；<br>（3）如何表达感恩<br>（5分钟） | 强化教学内容，并指导学生感恩表达 |

# 专题四
# 爱情与性心理健康

## 一、学生时代的恋爱

### （一）恋爱与异性交往

爱情是一个古老而常新的话题。歌德曾经说过，这世界要是没有爱情，它在我们心中还会有什么意义！什么是爱情呢？爱情是人与人之间强烈的依恋、亲近、向往，以及无私专一并且无所不尽其心的情感。生物学家研究发现，"一见钟情"时，在1/5秒内，大脑就会释放相关化学物质，产生的效果就像可卡因。然而，欲望和吸引力是短暂的，爱情的维持更需要长期关系。促进爱情关系持续数年甚至数十年的结合，常常是基于承诺，如婚姻和孩子，或基于共同的兴趣爱好、相互间的友谊。因此，学生时代的爱情，往往具有冲动性和不确定性，也容易对彼此身心发展带来伤害。

心理学家弗洛姆在其著作《爱的艺术》一书中将人类的爱分为五种：兄弟之爱、父母之爱、异性之爱、自我之爱和神明之爱。爱情受到很多因素影响，其中生物因素是指人与人之间的性吸引，从而具有与之结合的强烈愿望；精神因素是指爱情是一种高尚的情操，健康的爱情使人身心愉悦，产生美好的心理体验；社会因素是指爱情是社会现象，一方面受社会道德、法律规范的制约，另一方面将涉及养儿育女、传宗接代等社会功能。

美好的爱情要经历一个萌芽、开花和结果的过程，按进程可分为初恋期、热恋期、恋爱质变期（失恋或结合）。爱情主要可以分为六种类型：①浪漫式，将爱情理想化，只求外在美，"一见钟情"多属于此类；②游戏式，视爱情如游戏，只求个人需要的满足，对所爱者不肯负道德责任，轻易更换恋爱对象；③占有式：对其所爱极具占有欲，对方稍有怠慢或忽视，就心存猜疑嫉妒；④伴侣式：在缓慢的过程中由友情逐渐演变成爱情，温存多于热情，信任多于嫉妒，是一种平淡而深厚的爱情；⑤奉献式：信奉"爱情是付出而非索取"的原则，甘心为其所爱牺牲一切，不求回报；⑥现实式：视爱情为彼此现实需求的满足，而不是理想的追求。

从青春期开始，异性交往通常开始变得敏感。大多数大学生依然会在异性交往中感觉紧张、害羞、忐忑不安。然而，异性交往是人际交往能力的重要体现和心理健康的重要方面，有利于大学生的情绪稳定、思维成熟和个性完善。大部分大学生有着与异性交往的强烈愿望和需求，但往往因为过度看重自身在异性心目中的形象以及其他不良心理因素作用下，也会产生异性交往的心理困惑和障碍。

在学校里，同学之间适度的异性交往是有益的。进入青春期的男女同学都希望自己能够成为受到异性注目和欢迎的人，为此，他们会尽力地改变自己、完善自己，这也是一个自我发展、自我评价、自我完善的最佳心理环境，是克服自身缺点及弱点的好机会。实际上，随着网络媒体的发达和学生性心理的早熟，当代学生对于恋爱早已不再像过去那样"犹抱琵琶半遮面"。同学们应该尽早开始培养自己与异性建立健康的情感，学会理解异性，尊重异性，能与异性建立自然的、友爱的关系，为今后顺利地进入恋爱和婚姻关系奠定良好的基础。

进入大学之后，一些学生会逐渐跨过友谊的界限，开始建立恋爱关系。学生之间的恋情大略有三种，暗恋、亲密接触、真正意义上的男女朋友。学生投入恋爱的情感因素多数较为纯真，较为单纯，这种单纯性与他们自身的经历、阅历、知识、生活经验和社会经验有着极大的关系。他们并不懂得什么是真正的爱情，多数只是把男女之间的异性吸引以及青春期特有的对异性的性冲动作为了爱情来对待。恋爱中的学生渴望与异性单独接触，但是对未来组建家庭、如何处理恋爱关系和学业关系、如何区别友谊和爱情等问题都缺乏明确的认识。喜欢上他人是正常的、健康的，不应随便否认、压抑自己真实的感觉。然而，学生更要学习理性对待这种微妙的情感。研究发现，对于女孩子来说，最容易"坠入情网"的年龄是13~14岁，男孩子则是14~16岁。一个有感情烦恼的青少年，注意力会不够集中，学习成绩及跟家人的关系也可能会变差。在17岁前便谈情说爱的青少年，由于无法应付恋爱关系带来的情绪困扰，可能会为日后出现心理问题埋下伏笔。一项美国康奈尔大学及北卡罗来纳大学的专家联合进行的研究指出，无论这些青少年是真的有特定恋爱对象，还是自我陶醉地迷恋偶像明星，都有可能因为不懂得处理这段感情而导致日后出现抑郁症及酗酒等问题。

　　此外，男女性别角色不同，恋爱中的表现也会有所不同：男性比女性更易一见钟情，比女性更积极主动，爱的表现也更为强烈；女性的戒备心理比男性强，"面子观"比男性强，比男性更看重爱情在生活中的位置，更看重情爱，往往爱得更为持久。女性比男性更容易被感情关系所伤害。研究显示，感情纠葛使女性患抑郁症的机会增加了1/3。这一研究结果可以解释为何在美国和英国，年轻女子患上抑郁症的机会是年轻男子的2倍，而因恋爱困扰的男子则比女子有更大机会转向犯罪及酗酒。

　　恋爱心理分为健康和不健康两种，健康的爱情表现为：不过分痴情，不咄咄逼人，能够充分尊重对方；给予爱比向对方索取爱更使自己感到欢欣，并以对方的幸福为自己的满足；是彼此独立个性的结合。不健康的爱情表现为：过高地评价对方，将对方的人格理想化；过分痴情，一味要求对方表露爱的情怀，带有病态的夸张；缺乏体贴怜爱之心，有强烈的占有欲。

对于已经萌发爱意的学生来说，应该努力理解爱情对自己生活的影响，学会平衡爱情和生活的方方面面。

（1）爱情与学业、人生的平衡：要学习如何把爱情的动力转换为自己学业上进的助力，而不是顾此失彼，荒废学业。可以尝试将这种情感转化为成长的动力，努力让自己更优秀。如果感情已经严重影响了我们的学习和生活，还可以咨询自己信任的老师或长辈，让他们帮助自己理清纠结的感情，获得内心的平静。

（2）爱情中的责任和义务：没有责任心的保障，再美好的爱情也只能是风花雪月。学生既要勇敢面对内心爱的需求，又要充分考虑这个年龄段爱情的不可控性。要学会为自己的感情负责，学会珍惜，在保护自己不受伤害的同时，也要学习保护他人的感情。在恋爱过程中，随着感情交流和心理相容程度的提高，有一些亲昵行为是自然的，但一定要把握好分寸，自觉遵守社会普遍接纳的伦理规范。

（3）恋爱与自我成长：一段美好的爱情，往往也会促成双方的心理成长，提升爱与被爱的能力。恋爱中，双方坦诚的态度能更好地促进自我了解和接纳，获得自信和自尊，激发出热情的生命活力，也可以进一步促进异性之间的相互了解，为将来的婚姻生活打下基础。

（4）处理好爱情挑战和挫折：爱情不能等同于同情、怜悯，也不全是对等的情感交换，因此一旦爱而不得或感情破裂，内心的天平就会失衡。当陷入单恋时，要接纳自己内心的感受，冷静下来思考是否存在爱的错觉。当陷入多重恋爱关系时，要分清楚爱情的选择性与排他性之间的界限；重新评价自己的恋爱关系；学会退出不健康的恋爱关系。当爱情失意时，不要强压痛苦，自怨自艾，盲目贬低自我，也不要通过抽烟、酗酒、长时间打游戏等不健康的方式来转移注意力。要学会找人倾诉，暂时避开触景生情的环境，以运动、休闲旅行、投身学习等方式升华内心的感情。

（5）学习异性交往：从青春期开始，男生与女生心理、生理上的差异会让他们对于彼此更加好奇。进入大学后，学生的行为模式、自我意识、交往与情绪特点、人生观等方面都发生了较大的变化，往往也会给异性交往带来一些困扰，如自卑、不安、焦虑等心理。大学生平时可以多参加集体活动，培养自己的人际交往能力，使自己在与异性同学交往的过程中做到互补、互学、互助、互保，言语、表情、行为举止、情感流露及所思所想做到自然、顺畅，既不过分夸张，也不闪烁其词；既不盲目冲动，也不矫揉造作。消除异性交往中的不自然感是建立正常异性关系的前提。自然原则的最好体现，就是像对待同性同学那样对待异性同学，像建立同性关系那样建立异性关系，像进行同性交往那样进行异性交往。学校是学习异性相处的重要场合，可以帮助男女生在正常交往中学会去了解彼此的相似与不同，可以进一步完善学生的人格，是心理健康教育中重要的内容。

（6）关注性健康中的主体性：21世纪以前，"性的良好状态"是性健康的主要内涵。随着各国对性健康关注的提升，这个内涵也逐渐在发展。现在，性健康是指具有性欲的人在躯体、感情、知识、信念、行为、社会交往上健康的总和，它表现为积极健全的人格、丰富和成熟的人际交往、坦诚和坚贞的爱情和夫妻关系。21世纪以来，国际学术界日益关注个体对性知识的主体建构，性教育不再局限于所谓的"科学结论"，而是教育个人承认自己生命的独特性、不可替代性，因此必须尊重每个人性的主体感受，鼓励个体领悟自身有关性的知识。

## （二）学会独处

独处并不等于孤僻。当你在群体生活中感受到足够的喧闹时，可能需要一个人沉淀下来。周国平曾说过：如果说不擅长交际是一种性格的弱点，那么不耐孤独，简直就是一种灵魂的缺陷了。

为什么有时我们会害怕独处？精神科医生帕特里斯·约雷认为，害怕独处，可能是对另一事物恐惧的外在显现：害怕黑暗、寂静，尤其是害怕自己，害怕面对内心的自我，所以需要攀附别人来排遣忧虑和不安。有他人的陪伴，就可以避免去想那些令自己害怕或担心的事情，其中包括那些烦扰自己的欲望和幻觉。

实际上，无法忍受独处或许是一种分离焦虑。法国精神科医生丹尼尔强调，独处的能力是在孩童时期培养、建立起来的。而母亲不在身边时所带来的分离焦虑，会影响孩童的心理健康发育。

独处会给我们带来什么样的好处呢？

（1）独处可以帮助我们厘清思绪，回归自我。我们身处信息爆炸的时代，大量知识、信息被快速传播，虽然让我们能够知道更多，但过于碎片化的信息，也同时让我们难以消化和分辨。在人际交往中，我们的自主思维也会受到强烈的引导和影响，所以适当独处思考，可以有效地帮助我们暂时屏蔽这些复杂信息，清理自己的思维。

（2）独处可以寻找更多的自我认同力量。在以网络社交为主的时代，很多人会将自我认同的心理需求投射到人际交往中，从他人那里获取力量，但是这种来自外界的认同并不稳定，也并不容易获取，故而导致很多人因为缺乏自我认同而产生严重的心理问题。因此，我们可以通过在独处的时候暂时离开外界，试试我们到底对自我有着怎样的客观认识。

（3）独处可以帮助我们思考情绪的真相。个体情绪波动的原因中85%以上来自我们周边的人际关系。在我们的生活和工作中，无论是正面的还是负面的，各种情绪传递和暗示随时存在，给自己一个时间独处，是为了感受到自身情绪的变化，也才能更好地理解他人是如何影响我们的。

（4）学会人际边界的划分。当我们深陷人际关系的迷局时，很有可能就是由人际边界模糊造成的。例如，在人际交往中你发现自己无法拒绝，无法意识到什么才是有效社交和无效社交。这些都会造成我们心理能量的浪费，所以当我们独处并暂时放开这些人际关系的时候，才能理解控制自身选择的重要性。

那么，如何才能练习独处呢？

首先，我们要厘清孤独和独处的区别。孤独是一个人，状态是孤单的，内心更是孤独的，而独处却不完全是，独处仅仅是没有人陪伴而已，独自一人的时候，内心仍然有丰富的情感活动。

其次，要接纳自己独处时的不适应。要慢慢养成自我"观察"的习惯：分析发生的事情，评估自己的情绪，把纠缠在脑海里的消极想法都写下来。最好是回忆自己过去的经历，找出以前一个人的时候感到不安和忧愁的情形，看看现在独处时的心境是否在重复过去的某种情绪，找出令你真正害怕和焦虑的是什么。

最后，要培养独处时的积极情绪。可以尝试在自己一个人的时候做喜欢的事情，如听喜欢的音乐，阅读、唱歌、画画等，这样做，能把独处和积极的情绪联系在一起。

# 二、团体设计

## （一）团体理论

### 1. 爱情三阶段理论和爱情三角理论

费舍等人认为爱情分为三个阶段：①性欲，主要被性激素（雄激素和雌激素）所驱动；②吸引，主要被肾上腺素、多巴胺和五羟色胺所驱动；③依恋，是情侣长时间在一起的联系，主要被催产素和加压素两种垂体后叶激素所驱动。

斯滕伯格在1988年提出了爱情三角理论，认为爱情由激情、亲密和承诺三要素组成。亲密是指彼此依附、亲近的感觉，包括爱慕和希望照顾爱人，通过自我揭露，沟通内心感受和提供情绪、物质上的支持来达成。激情是反应浪漫、性吸引力的要素，包括自尊、支配等需求。激情包括强烈的正面与负面的感情以及各项社会需求，包含了许多我们对对方所感知的情绪，如思念、害羞、羡慕、兴奋等。承诺是指与对方相守的意愿及决定，短期来说是指去爱某个人的决定，长期来说则是指维持爱情所做的持久性承诺。在这三个要素中，亲密是爱情的情感成分，激情是爱情的动机成分，而承诺是爱情的认知成分。

### 2. 埃里克森的心理发展阶段理论

根据埃里克森八个人格发展理论，青春期和青年早期的主要发展任务分别是同一性和亲密关系的建立。自我同一感是一种关于"我是谁""我的角色""我的形象"等的自我认识。同一性混乱具体表现为自我认识不全面、不客观，由此导致自我认识偏差、自卑、封闭、孤独、人际关系不良等问题。亲密关系的建立可以避免孤独感的产生，而良好的人际关系同样可以在一定程度上减少孤独感。学生时代正处于青春期和青年早期的过渡阶段，会同时面临这两大任务。

### 3. 需求层次理论

根据马斯洛的需求层次理论，人除了有低层次的生理需求，还有高层次的社会需求，人人都有归属和爱以及尊重的需求，每个人都渴望被人接纳和喜欢，从而获得别人的认可。

恋爱的需求在大学生中是常见的，在青年早期出现对异性的思慕也是很平常的事情。然而，很多大学生因为陷入暗恋或者恋爱关系中，出现成绩下滑、情绪低落等负面影响。究其原因有三：一是缺乏恋爱的常识，陷入恋爱中的时候出现不理智的情况；二是缺乏与老师、朋友、家长的有效沟通；三是还不够成熟，面对爱情中出现的问题，不知道该如何解决。

因此，本次课程的设计部分集中在认识恋爱这件事，让大学生能用平常心去对待恋爱，同时，让他们明白，如果陷入恋爱或者在恋爱中遇到问题是可以向老师或者朋友倾诉或寻求帮助的，这也让他们能够从不同的方面去认识恋爱。

## （二）团体目标

（1）让同学们了解恋爱是什么，什么是健康的恋爱关系。

（2）从好的或不好的两个方面来看待学生的恋爱行为。

（3）恋爱或暗恋中出现危机应该选择什么样的方式来处理问题。

（4）如何理解异性心目中的理想型，塑造未来更好的自己。

## （三）注意事项

（1）强调组员不应对他人的发言进行评价、批评，可以有自己不同的看法，但不得辱骂其他组员。

（2）在活动完成后，可以组织学生对于活动进行评价，分享自己的看法。

（3）老师要在活动中控制活动的时间和流程，同时要在活动完成后对活动进行评价和总结。

# 三、团体辅导实施

## （一）探索异性交往

### 1. 目标

（1）探索异性交往中的影响因素。

（2）帮助学生理解并接纳自己，提升异性交往的能力。

## 2. 方案一

| 活动名称 | 活动过程 | 活动目标 |
|---|---|---|
| 手指分离游戏 | （1）首先请同学们伸出两手，五指合并，两个中指弯曲，然后将两个中指的第二个关节背对背靠在一起；<br>（2）将其他四根手指分别指尖对碰；<br>（3）确保在游戏过程中五对手指中只有一对分开。<br>下面开始游戏：<br>（1）请张开拇指，拇指代表我们的父母，能够张开，每个人都会有生老病死，父母也会有一天离我们而去；<br>（2）请大家合上拇指，再张开食指，食指代表兄弟姐妹，他们也都会有自己的家，也会离开我们；<br>（3）请大家合上食指，再张开小指，小指代表子女，子女长大后，迟早有一天会有自己的家庭，也会离开我们；<br>（4）那么，请大家合上小指，再试着张开无名指。<br>这个时候大家会惊奇地发现，无名指怎么也张不开——无名指代表夫妻，是一辈子不分离的。真正的爱，粘在一起后，是永生永世都分不开的！<br>在小组里讨论，在刚才的游戏活动中你有什么样的感受和想法<br>（10分钟） | 通过游戏活动引发学生对人生不同情感体验的感受，特别是激发对爱情意义的反思 |
| 异性吸引力 | 2分钟内在纸上尽可能多地写出自己心目中喜欢的异性需要具备的特点和品质，然后给这些特质排个序。<br>在小组里分享具有异性吸引力的特质都有哪些，并在小组内分享、比较，男女生眼中有吸引力的异性特点有哪些相似和不同<br>（10分钟） | 通过限时游戏，激发自己对异性吸引力的反思，并通过组内交流形式达到异性之间的相互理解 |
| 异性交往反思 | 在小组里讨论，注意不随意评价别人的观点。<br>（1）你认为在异性相处中，哪些行为会被异性嫌弃；<br>（2）如何才能提高异性交往中自己的魅力值<br>（10分钟） | 加强学生对异性关系的理解，促进异性积极交往技巧的思考 |
| 班级分享 | 每个组把自己讨论的结果加以总结，挑选出5个异性最看重的特质或者交往方式，选一个过去课上没有发过言的学生作为代表在班上分享。注意前一组发言讲过的内容，后一组不能重复<br>（10分钟） | 通过班级分享，进一步梳理总结异性交往中的影响因素 |
| 教学总结 | 教师总结大家观点，重点说明以下内容：<br>（1）爱慕异性的心理是正常的；<br>（2）与异性交往的原则<br>（10分钟） | |

## 3. 方案二

| 活动名称 | 活动过程 | 活动目标 |
| --- | --- | --- |
| 警察抓小偷 | 两人（最好是异性）一组，一人扮演小偷，一人扮演警察。用笔在同一张纸上分别定一个起点，小偷逃跑，警察追捕，画满一张纸后互换身份在纸背面继续游戏。<br>对这个游戏的意义并不进行解读，只是为了让同学们有一个机会可以相互亲密接触，引入课程主题<br>（约4分钟） | 通过热身活动，调动课堂气氛，同时引出本节课的主题，为下个环节做铺垫 |
| 自我评分 | 每个小组的成员在心中给自己打分，如果感觉与异性交往的过程中相处得很好就是10分，不自在0分，一般则是5分（教师需要维持好秩序，把学生思考打分的时间给充足，避免进程过快而影响效果。在下一个互动环节开始前，提醒打分低的同学尝试突破自己内心的防线，更好地与异性相处，期待打分高的同学有更好的表现）<br>（约6分钟） | 激发成员的话题兴趣，让成员放松，给自己做一个评估，在后一个环节中有所进步 |
| 能量传递环 | 成员先分男女站成两行，然后分别"1、2"报数，之后报"1"的同学在一行，报"2"的同学在一行，要求男女岔开站。每一行的人需要手拉手，把能量环（用大白纸剪出来的一个方框或者圆圈）从第一位同学传递到最后一位同学，两队比赛看谁先传到最后一个同学（在排队过程中要维持好秩序；男女牵手时，要注意岔开，教师要用语言进行鼓励，推动活动进程）<br>（约10分钟） | 通过传递的动作活跃氛围，突破成员的自我设限 |
| 角色扮演 | （1）情境展示：<br>小丽很喜欢同班的小陈。有一天，她悄悄送给小陈一件礼物，并在礼物中夹了一张纸条，纸条上写着以下内容：<br>小陈，我喜欢你，喜欢你爽朗的笑声，钦佩你的学习成绩那么优秀，钦佩你那么乐于助人，我想和你交朋友。<br>小丽<br>×月×日<br>小陈看到纸条，心里很矛盾，因为他并不喜欢小丽，可又担心拒绝后会伤害小丽。那么，小陈该怎么办呢？<br>（2）分组讨论：假如你是小陈，你会怎么办？<br>（3）总结归纳学生设计的故事发展可能，学生展开想象，以角色扮演的形式表演；<br>（4）角色扮演之后，引导学生讨论：你认为哪种处理方式是最佳选择？为什么？<br>（约15分钟） | 让学生模拟可能出现的情境，更深刻地体会男女生应如何恰当地交往。通过对故事情节的分析与讨论，使学生明白男女生应和谐相处、互相帮助，同时通过互动可以消除尴尬，活跃班级氛围 |
| 教师总结 | 男女生之间的正常交往是一种纯真的友谊，无可厚非，而且还要大力提倡。我们可以通过参加集体活动增进男女同学之间的了解，拂去面纱，让异性之间的交往更加自然、健康。与异性交往要适时、适度<br>（约15分钟） | 点明男女正常交往的重要性，注意把握"度" |

专题四 爱情与性心理健康

077

## （二）认识爱情

### 1. 目标

（1）引导学生思考真正的爱情是什么。

（2）树立健康的爱情观。

### 2. 方案一

| 活动名称 | 活动过程 | 活动目标 |
| --- | --- | --- |
| 自我评估 | 用手臂高度自我评估，水平伸直是1分，垂直地面是5分，你认为自己身上的异性吸引力是几分，教师倒数三个数后一起举起胳膊自我评估，提醒同学这个评估并不是相互比较，没有对错好坏之分<br>（5分钟） | 通过自我评估，引发学生的好奇和兴趣，并有所自我觉察 |
| 爱情观小测试 | 每个人在纸上写出自己认为的理想恋爱关系的五个特质，然后在教师指导下，逐个划掉五个当中必须牺牲的一个特质，直至剩下最后一个。<br>学生就自己所写在小组内进行交流，小组讨论出恋爱关系中最重要的一个特质，并选出一个代表在班级中分享<br>（15分钟） | 通过游戏和分享，引导学生觉察到异性吸引力中最重要的特质是什么 |
| 行动探索 | 小组讨论，如果想提高异性吸引力，生活中我们可以做些什么改变，让自己在异性眼中变得更有魅力。<br>请将小组成员讨论结果写下来<br>（10分钟） | 通过行动探索，促进自身积极转变 |
| 畅想未来 | 在背景音乐的陪伴下，先闭上眼睛，想象一下当自己不断变得更有魅力和自信后，会以什么样的方式出现在人群当中，画面定格后，用彩笔在纸上画出理想中充满魅力的自己<br>（5分钟） | 通过绘画再一次强化自信，引发学生对成为更好的自己的憧憬 |
| 教师总结 | 泰戈尔说："爱是理解和体贴的别名。"伊萨科夫斯基说："爱，不是一颗心去敲打另一颗心，而是两颗心共同撞击出的火花。"爱是如此独特和超乎寻常，要把爱表达清楚实属不易。爱是一种感觉，也是一种激情。但激情和感觉并不是爱的全部……<br>介绍爱情心理知识：斯滕伯格爱情三角理论<br>（15分钟） | 老师用心理学知识将之前学生分享的部分进行提炼总结 |

### 3. 方案二

| 活动名称 | 活动过程 | 活动目标 |
|---|---|---|
| 分组 | 通过桃花瓣的游戏，将学生每5~6个人分为一组。为确保每个组男女比例平衡，可以男女生分开报数，混合组队。如果之前课程已经有固定分组，且男女比例平衡，也可以就原来的小组开展活动<br>（约5分钟） | 将全班分为几个小组，确保男女混合分组 |
| 恋爱相关知识和理论的讲授 | 在同学们按照小组围坐好之后，教师开始讲授与恋爱相关的理论和知识。其中主要有爱情三阶段理论、爱情三角理论以及爱情的相关生理知识，涉及多巴胺、五羟色胺等激素的作用。并在过程中告诉学生们，在人的一生中对其他人有好感是一件很正常的事情，应该用健康积极的态度去面对这种情感<br>（约10分钟） | 让学生们明确恋爱的相关理论，了解与恋爱相关的知识，让他们明白恋爱是一件正常的事情，需要正确应对 |
| 小小辩论赛 | 请组员针对学生时代恋爱的利与弊开展讨论。每一个小组推选一位成员在班级总结发言。个人发言后，其他不同观点小组可以进行辩论。在辩论结束后，每个小组投票选出本组以外班级同学中表现最佳的辩手，最后得分高者获胜并获得礼品（例如一颗糖果）<br>（约20分钟） | 利用辩论赛的形式让学生们探究恋爱究竟是利大于弊还是弊大于利，对恋爱有一个更深入的认识 |
| 讨论分享 | 在辩论赛结束之后，学生们对恋爱的利与弊有了新的看法与感受，让学生们回到小组里面进行新一轮的交流，看看大家通过这次辩论之后，对于恋爱的利与弊有什么新的认识和思考。老师随机邀请几个小组的同学在全班进行分享交流<br>（约5分钟） | 在辩论赛之后，同学们对恋爱有了新的认识，让他们在小组里进行交流分享和讨论，看学生们对恋爱有什么新的认识和思考 |
| 教师总结 | 在聆听了学生们对于恋爱的想法和感受以及对于恋爱的利与弊的看法之后，教师对于恋爱的相关内容进行总结升华。恋爱是一件很美好的事情，如果它发生在了你的生活中，要学会辩证地看待和应对<br>（约10分钟） | 在聆听学生们的发言之后，教师对整堂课程的内容进行总结升华 |

## （三）健康安全的性

### 1. 目标

（1）引导学生思考性和爱情的关系什么。

（2）树立健康的性观念。

## 2. 方案一

| 活动名称 | 活动过程 | 活动目标 |
|---|---|---|
| 男女混合分组 | 男生代表1元钱，女生代表5角钱。由主持人说出具体价格数目，由男女生自由组合，最快组合完毕的即为获胜者，落单或者组合错误的则视为失败。进行几轮游戏，最后让不同的男生女生能有机会多接触，并形成小组<br>（约3分钟） | 男女分组，方便活动 |
| 真心英雄 | 准备6张不一样的卡片（真心话卡4张，甩锅卡1张，欧皇卡1张）。抽到欧皇卡可决定在真心话上写哪些问题（要求必须和两性心理健康有关），抽到甩锅卡则可以任选同学替你参加这个游戏，而抽到真心话卡则需回答卡上的1个问题<br>（约10分钟） | 激发小组乐趣，让成员放松，并且切入主题 |
| 分享与讨论 | （1）如何看待爱情和性的关系；<br>（2）如何看待婚前性行为。<br>注意，不随意评价别人的观点，如果有不同观点，可以在小组内讨论。<br>然后每组请一位同学代表小组在班内总结对这个问题的看法<br>（约20分钟） | 通过分享自己的观点，加深小组成员的彼此了解，并且看到彼此之间的相似和不同 |
| 教师总结 | 美好的爱情是每个人所期盼的，人人都希望能有幸福的爱情经历，享受爱情的滋润。然而，有很多人无法达到此目标。究其原因有二：一是对爱情没有明确的认识，对爱情有着过于理想化的幻想或盲从行为；二是缺乏正确的性安全知识，恋爱中出现仅依靠自身不能解决的问题。<br>我国性传播疾病的发病率在逐年上升，性传播疾病不单是一个医学卫生问题，也是重要的社会问题。要减少性传播疾病的蔓延，我们就要加强性安全教育。除了要普及避免多性伴滥交的性观念教育外，还要加强和正确宣传安全套在防范性传播感染方面的作用。进一步加强心理、道德与伦理方面的性教育，从而减少性传播疾病的蔓延<br>（约17分钟） | 点明性安全的重要性 |

## 3. 方案二

| 活动名称 | 活动过程 | 活动目标 |
|---|---|---|
| 阅读 | 阅读刘墉《当你遇到大灰狼——给女儿的一封信》。<br>教师请一位同学在班级中阅读这篇文章，并介绍这篇文章的写作背景。刘墉是著名美籍艺术家、教育家，他育儿有方，一双儿女学业斐然。这封写给女儿的信，主要告诉自己女儿生活中如何学会保护自己，有理有趣，如涓涓细流，滴滴入心。随着年龄的增长，男女生都在不知不觉中发生了很多变化，有生理上的，也有心理上的。这些变化可能给你带来了或欣喜或焦虑的感受，有时候也会因为无知或者不懂得自我保护而遇到一些和性有关的伤害<br>（约5分钟） | 通过案例引入课堂主题，活跃课堂气氛，提高学生的积极性和学习兴趣 |
| 绘制青春树 | 导入语：通过前面的游戏和学习，我们已经知道成长中的一些心理变化是必然的、不可避免的，那么我们应该如何去面对这个阶段的爱慕心理，正确理解自己的性心理反应呢？<br>（1）让每个小组分别在一张大白纸上画一棵大树的树干和树枝；<br>（2）每位同学在便利贴上写下自己认为什么样的异性最有吸引力，贴在树干的上半部分，之后在小组中进行讨论（开始第一轮分享）；<br>（3）在便利贴上写下自己如何看待婚前性行为，它可能带来的伤害有哪些？贴在树枝部分（开始第二轮分享）；<br>（4）在便利贴上写下应如何与异性进行舒适、健康的交往，贴在树叶部分（最后一轮分享）。<br>注意：提醒学生在分享中不要随意评判别人的观点，而应该真诚谈论自己的想法和感受<br>（约20分钟） | 通过小组活动和讨论，帮助学生完善对异性交往问题的思考，促进学生间不同观点的碰撞和融合，帮助学生更加客观地看待自己的心理变化 |
| 班级分享 | 由小组选派一名代表进行班级分享，教师注意汇总大家的分享结论<br>（5分钟） | 通过班级分享，进一步促进全体参与和深入反思 |
| 教师分享 | （1）异性交往不必过分拘谨、严肃，也不应过分轻率；<br>（2）性心理异常的表现；<br>（3）目前常见的性病和传染方式；<br>（4）性的自我安全保护措施<br>（约20分钟） | 通过教学分享，帮助学生理解性心理发育以及如何自我保护 |

## 4. 方案三

| 活动名称 | 活动过程 | 活动目标 |
| --- | --- | --- |
| 探索你的性观念 | 从下面的词汇中找出你认为与性有关的词汇，匿名写在一张纸条上。将全班同学的纸条收集上来，每个同学再抽取一张纸条。<br>40个词汇：①快乐；②好玩；③污秽；④生育；⑤恐惧；⑥爱；⑦美妙；⑧信任；⑨羞耻；⑩不满足；⑪委身；⑫忠贞；⑬尴尬；⑭压力；⑮例行公事；⑯表现；⑰欢乐；⑱实验；⑲释放；⑳难为情；㉑舒服；㉒无奈；㉓罪；㉔厌恶；㉕内疚；㉖无助；㉗享受；㉘压抑；㉙乏味；㉚满足；㉛美丽；㉜征服；㉝沟通；㉞禁忌；㉟亲密；㊱融洽；㊲遗憾；㊳自卑；㊴自信；㊵和谐。<br>讨论：5~6个人一组，在小组中交流对于自己和其他人纸条上所写下的词汇的看法<br>（约10分钟） | 通过秘密问题游戏，可以让同学们放下防备，去探讨一些私密的话题 |
| 异性探索 | （1）将全班同学分为男生和女生两个组；发给每人两张纸条，一张黄色，一张绿色。黄色纸条是写给男生的问题，绿色纸条是写给女生的问题；每个同学分别在不同颜色的纸条上匿名写下你想问的关于性的问题，可以写一个或者几个问题。将全部纸条收上来，按颜色分开；<br>（2）每个女生抽取1~2张绿色纸条（如果纸条不够，可以2个人抽一张纸条），每个男生抽取1~2张黄色纸条（如果纸条不够，可以2个人抽一张纸条）；<br>（3）匿名回答纸条上的问题；<br>（4）将纸条收上来；<br>（5）每人再重新抽取一张黄色纸条或者一张绿色纸条，分组讨论纸条上的问题和答案<br>（约20分钟） | 通过匿名回答问题的活动，了解男女生的性疑问，并且交流后使得课程进一步推进 |
| 班级讨论 | 由小组选派一名代表，在班级中分享小组讨论的结果。教师注意汇总大家的分享结论<br>（5分钟） | 通过班级分享，进一步促进全体参与和深入反思 |
| 教师分享 | （1）普及性心理健康标准、性心理发展、性心理困扰、性心理障碍等专业知识；<br>（2）作为学生如何维护性心理健康<br>（约15分钟） | 通过教学分享，帮助学生理解性心理发育，学会自我保护 |

# 专题五

# 情绪管理

## 一、学生时代的情绪与压力

大学生正处于人格发展的完善阶段,身心发展和生活环境、学习环境有其独特性,自我控制和自我调节能力还有待提高。由于家庭与社会期望值高,学习竞争压力大,他们易受紧张情绪的困扰,表现出自卑、焦虑、嫉妒、抑郁、挫折感等不良情绪状态。这些负面情绪如果强度过大,次数过多,持续时间过长,会直接影响到身体健康和心理行为的变化,并对将来的学习、生活造成负面影响。以愤怒为例,常常容易发怒的青年人容易出现身体不适、胃溃疡、心脑血管疾病、神经衰弱等身体疾病。同时,由于愤怒情绪中往往伴随着紧张、焦虑、抑郁、厌恶、敌对、痛苦等负性情绪,个体更容易出现心理问题。愤怒还会让人际关系紧张。特别是当愤怒时,很难自控。这时,有些人会把愤怒情绪通过表情、言语、动作表现出来,并发泄在同伴身上,这无疑会引起同伴的反感与敌视,造成感情隔阂、情绪对立和关系紧张。

学习合理、科学的情绪及压力应对方式与管理方式,将有助于学生保持良好情绪,以积极方式应对不良情绪,维护身心健康发展。处于青年早期阶段的大学生的情绪特点表现为以下三点。

（1）爆发性和冲动性：对各种事物比较敏感，自我意识迅速发展，心理行为自控能力较弱。

（2）外露性和内隐性：容易表现出强烈的情感情绪反应，对外界事物的喜怒哀乐喜形于色，淋漓尽致地抒发他们的内心感受；又能表现逐渐掩饰、压抑自己的情绪，使这种情绪的表露有时往往带有很大的掩饰性，并逐渐学会用理智控制自己的情绪反应。

（3）心境性和持久性：一方面会因为成功或收获而使快乐的情绪延长成为积极良好的心境，另一方面因挫折或失败会使不愉快的消极情绪延长为不良的心境。

压力这一概念最早是由加拿大著名内分泌专家汉斯·薛利提出的，他被称为"压力之父"。薛利认为，压力是表现出某种特殊症状的一种状态，这种状态是由生理系统中对刺激的反应所引发的非特定性变化组成。国内将压力译为应激，通常有三种解释：第一种是指环境中存在的导致个体产生紧张反应的刺激；第二种是指个体对刺激的紧张性反应；第三种是指由于个体与环境之间的失衡而产生的一种身心紧张状态。目前，心理学上对压力的解释多指第三种，即压力是指由刺激引起的伴有躯体机能以及心理活动改变的一种身心紧张状态，通常压力也被称为心理压力。

学生在校学习期间承受压力是不可避免的，而且有一定数量的学生承受着较大的心理压力。研究发现，学生面临的心理压力主要表现在以下六个方面。

（1）学习压力：大多数学生都希望能够保持良好的学习成绩，升入高中、大学后，学习方法会明显不同于中学，于是成绩不佳，压力感、失落感也油然而生。

（2）就业压力：许多学生对目前常见的市场调节、双向选择、自主择业等分配方式感到迷茫，普遍担心将来找不到理想的工作。

（3）人际交往压力：由于学生来自不同的地域，不同的生活习惯、性格特征、个人爱好、家庭背景等使学生的人际关系变得很复杂，因此，许多学生存在人际交往方面的困惑。同时，一些学生成绩虽然优异，但因为从小缺乏人际交往教育，在交往认知、交往知识和技能等方面存在着明显的不足，以至于不能妥善地处理人际交往中的冲突。

（4）生活适应压力：在生活上，有些学生从小娇生惯养，从未离开过父母的照顾，对于打扫卫生、洗衣服等日常小事往往都无法适应。另外，学校的一些生活条件不能满足学生的生活要求，比如食堂饭菜质量太差，学生宿舍拥挤、吵闹，这些方面，也常常导致远离父母生活的学生产生不同程度的心理压力，严重者甚至会影响其正常发展。

（5）经济压力：高额的教育投入常常使一些条件不太好的家庭不堪重负，加上不断增加的日常生活费用，一些家庭甚至因此负债。对此，部分学生会时时感到内心不安。有的学生自身经济条件不好，又不能正确对待，面对身边经济条件优越的同学就会产生自卑情绪，这使他们的内心充满矛盾，承受的心理压力更大。

（6）身心因素压力：一些学生身体健康状况欠佳，缺乏进行正常学习的旺盛精力；一些学生对自己的相貌、身高、体型不满意，感到忧心忡忡……有的大学生心理素质较差，脆弱的心理承受能力使其在困难面前容易产生较大的压力反应；也有一些大学生是由于自我概念不良，导致自卑、行为退缩；更多学生的心理压力源于时时出现的心理冲突。

心理压力对学生的影响是双重的，既有积极影响也有消极影响，我们不能只看到消极影响的一面，也应该看到压力带给我们的积极影响。

（1）压力的积极影响：①压力引起的紧张反应可以大大提高学生对环境的警觉水平，使其注意力集中，思维敏捷，情绪适度，从而促使其适应环境变化。当大学生面对心理压力时，必须积极、努力，才能自我调节，进而改变现存的压力环境。生活中如果没有压力，大学生也就缺少了发展的动力；②增强大学生抵抗压力的能力。调查表明，在大学阶段曾经体验过压力的人，将来步入社会后似乎比没有经受过压力的人更能够应付压力情景；③压力有助于大学生之间建立良好的亲密关系。研究表明，压力情境下，人与人之间表现出更多的互相关心、互相帮助、互相支持，从而有利于维持一种彼此比较接近的良好的关系。可以说，压力能够促进群体的结合，极大地增进群体的凝聚力。

（2）压力的消极影响：过度的压力反应或长期压力反应的累积，对人的身心健康有一定的破坏作用。研究发现，长期压力可能会导致心脏病。压力还会导致胃灼热或胃酸返流，胃部产生恶心甚至疼痛。如果压力很大的话，会产生呕吐症状。男性受到压力后，会影响生殖系统的正常功能。女性长期感受到压力后，会引起月经失调或闭经。研究发现，长期处在压力情境下的学生，心理健康水平会降低，严重的会出现心理障碍，比如情绪持续低落，兴趣丧失，反应迟钝，对自己的进步、人生的价值漠然置之；与人交往过程中，常表现出紧张，动作不自然，思维不清，脾气古怪，讨厌别人；或怀疑自己的能力，轻视自己，自责，自信心降低，夸大自己的失败，甚至导致彻底的自我否定，并引发自伤、自毁或伤害别人。压力会让我们产生抑郁、焦虑、痛苦、不满、悲观以及闷闷不乐的感觉，觉得生活毫无情趣，自制力下降。平时好动的人变得懒惰，平时好静的人变得情绪激动，原本随和的性格突然暴躁易怒。在长期的心理压力下，人的免疫功能将大幅下降，患病的可能性大大增加，严重危害学生的身体健康。另外，长期处于压力状态下，还容易养成消极的生活习惯，如通过吸烟降低紧张水平，通过酗酒、贪吃、过度工作来消极回避紧张状况。由于尼古丁、咖啡因、酒精是成瘾性物质，在逐渐的重复使用中，身体会慢慢产生耐受性，也就是必须重复更多以达到和以前同样的舒适感，从而导致上瘾。

学生面对心理压力可以采取以下五种方式进行调节。

（1）正确认识和勇敢面对压力：首先要认识压力的不可避免性，并坦然接受它，其次要正确认识压力的双重作用。

（2）寻求社会支持：人与人之间是需要互相关心、互相帮助、互相爱护的，这是一种社会支持，它可以调适个体的压力反应。这就要求在生活中，每一个大学生都应该积极寻求并建立自己的社会支持网。

（3）学会放松自己：学生面对心理压力最常见的表现是心理和肌肉的紧张，可以学习一些应对压力的放松技巧，这是一种通过机体主动放松来增强自我控制能力的方法，它可以降低机体唤醒水平、增强适应能力、调节因压力反应而造成的心理生理功能的紊乱。

（4）丰富课余生活：健康的课余生活可以愉悦身心、获得朋友、增进友谊、减少因压力导致的紧张感。丰富的课余生活既能锻炼能力、拓宽知识面，又能在一定程度上增强个体应对压力的信心和勇气。

（5）高校学生工作者要优化工作方法，拓宽工作范围：高校班主任和辅导员要具有必要的心理咨询知识，承担一定的心理咨询师的角色，而不仅仅是扮演学校权威的代言人和思想政治工作者的角色。

## 二、应对挫折，把握幸福

俗语说，人要在顺境中慷慨，在逆境中感激。所谓顺境，是指人生发展过程中出现的那种极为有利的环境条件；所谓逆境，是指人生历程中所面临的那种十分不利的境遇。心理学认为，挫折的发生会使人产生焦躁、失望、忧虑、担心、痛苦等情绪反应。抗挫折能力差往往表现在以下八个方面。

（1）要求得不到满足时就乱发脾气。

（2）受不了任何批评，只爱听表扬的话，一被批评就不高兴，甚至哭闹。

（3）自尊心较强，好胜心强，好面子，承受不了失败。

（4）怕困难，遇到问题就退缩。

（5）特别娇气，做错了事，别人一说就哭。

（6）不敢承认错误，老是用别的方式推卸责任。

（7）遇到困难就愁眉苦脸，不是找别人帮忙就是想放弃，或者怨天尤人。

（8）从不寻找解决问题的办法。

要知道，不同的人对于挫折的承受力是不同的。挫折承受力不仅与一个人的性格、气质有关，也与人的抱负、经历、意志等相关。比如，同样是遭到诽谤，外向的人可能暴跳如雷、骂人、发牢骚，以求心理平衡；内向的人则可能流泪叹息，用读书等其他活动转移自己的注意力以求忘却。怀有远大抱负和有过艰难经历的人对一般的挫折会泰然处之；思想境界高的人，也许会把挫折看成一次考验机会；意志坚强者的抗挫折能力大大强于意志薄弱者。

一般来说，偶尔遭受意料之中的、较轻的挫折，在某种意义上讲是件好事。因为它能使人吸取教训，增长知识和才干，获得解决问题的能力，锻炼意志品质，提高对挫折的承受力。而对于意料之外的重大挫折和接踵而来的多个挫折，如果一个人的心理素质差，抗挫折能力较低，就会加重精神上的压力和痛苦，处理不当对其身心健康有较大的消极影响。

人生并不都是一帆风顺，有得意就有失意，有顺境就有逆境。如何面对，如何战胜摆在面前的困难，从而获得美好幸福的人生？首先，逆境是激发人成长的强劲动力。顺境与逆境是相互对立的，人在这一生中不可能一帆风顺，总会遇到这样或那样的问题，顺境固然是每个人想要的，但当遇到逆境时我们更应该懂得感恩，因为逆境会激发人更加努力奋斗。牙买加的孩子大都是苦孩子，博尔特也不例外，他选择长跑来改变自己的命运，没有优越的训练场地，没有良好的休息场所，他毫不介意，他只希望飞向自己的蓝天。然而，教练告诉他，他并不适合长跑，而且短跑他并无优势，身高偏高，四肢协调不好。博尔特沉默了，但他的内心有自己的计划：每天坚持3个小时的跑步训练，坚持做四肢协调运动。日复一日，多少次汗水浸湿了衣服，多少次的摔伤，他都默默坚持，因为有梦在心中。金牌青睐的不是好吃懒做的人，而是坚守梦想的博尔特。

逆境有时候是最好的老师，能磨砺人的优良个性。当人面对逆境时，不要气馁，要用一颗平常心去面对，从中总结经验和教训，发现失误的原因，这样也就能有根据地进行改正，而且也要激励自己，使自己更加努力，更要发挥出自己不服输的劲头。这样可以使自己的成绩有一个很大的飞跃。歌德失恋后出版了轰动世界文坛的《少年维特的烦恼》；司马迁遭受宫刑后，忍辱负痛，为后世留下了历史巨著《史记》；曹雪芹在"举家食粥酒常赊"的困境中写出了鸿篇巨制《红楼梦》；孙中山先生革命一生，历经多次失败，终于取得了辛亥革命的伟大胜利，成为伟大的民主革命家。可以说，人对逆境不同的态度，会产生不同的人生结局和命运。

当我们身处逆境，该如何保持自己良好的状态呢？

（1）要对自己充满信心。遇到逆境的时候，最重要的是自己不要灰心，不要认为自己不行。要把逆境转化成为成功的动力，用它来激励自己。在学生这个年龄，理想自我和现实自我往往有一定的差距和矛盾，当现实自我和理想自我之间的距离过远时，就容易产生挫折。理想自我和现实自我的矛盾冲突主要是由于认识不切实际。一种情况是将理想自我的标准定得过高，好高骛远，认为自己什么都行。另一种情况是学生的内心冲突在外界压力下引起严重不安、焦虑和痛苦。

（2）要有积极乐观的心态。挫折产生后，谁都会感到紧张、烦闷，行为也不免有些失常。在这种情况下，更要学会自我控制，不要做出伤害自己或他人的行为。冲动是魔鬼，在冲动情况下做出的反应往往是不理性的，害人害己。不管是顺境还是逆境，都是我们生活中的一部分。19世纪法国著名的科幻小说家儒勒·凡尔纳的第一部作品《气球上的五星期》一连投了15家出版社，均不被赏识，第16次投稿才被接受。丹麦著名童话家安徒生的处女作问世时，有人知道他是一个鞋匠的儿子，即攻击他的作品"别字连篇""不懂文法""不懂修辞",但他毫不气馁,笔耕不辍,终于成名。

(3)要学会给自己减压。每个人都是从顺境或逆境中走过来的,今后的人生可能还要碰到很多的挫折和困难,因此要保持宽容与豁达,尽量以积极的心态对待生活。可以离开当前的挫折情境,转移注意力,努力寻找生活中美好的一面,以达到心理平衡。要自我调整或修改目标、选择新的奋斗方向,抑或重整旗鼓、坚持拼搏、不获成功决不罢休。要不气馁、不畏惧、不自卑、不消沉、不抱怨、不逃避、不幻想。

(4)要学会在困境中鼓励自己。有时,我们的判断往往会夸大事实,而带来巨大的挫折感。例如,考试失败了,由此得出"我完了""我这个人永远都是失败者"的结论。爸妈吵架了,得出"他们一点儿都不爱我"的结论。当然,失败也说明我们确实存在一定的问题,应该好好反省自己,并为自己提出新的学习计划,时刻提醒自己,激励自己,通过自己的努力,争取从逆境中走出来。贝利成名后,有个记者采访他:"你的儿子以后是否也会同你一样,成为一代球王呢?"贝利回答:"不会。因为他与我的生活环境不同。我童年时的生活环境非常差,我正是在这种恶劣的环境中磨炼出了强大的斗志,而他生活安逸,没有经受困难的磨炼,他不可能成为球王。"成功对每一个人来说,都是一件幸运的事,但成功也不是每个人都能获得的。成功不是路边的小石子,随处可捡,也不是田间的小花,随处可觅。成功的路无比漫长,在这条路上要经历许多挫折。

或许有的同学会这么想:"为什么这么多倒霉的事情总是落在我头上?""为什么我就不能像其他人那么成功,那么幸福?"其实,真正的成功和幸福并不取决于外在条件,而更多来自人的积极心理品质。

国外有心理学家的研究发现,美国超级富翁的幸福指数与居住在极其寒冷的北格陵兰岛的因纽特人,以及生活在简陋草棚,没有水电的肯尼亚游牧民族马赛人的幸福指数竟然是一样的。积极心理学的研究告诉我们,年龄、性别和收入并不是幸福的来源，只有社会支持、对未来充满希望、有明确的生活目标等积极品质才是幸福的真正来源。著名学者巴克莱在《花香满径》中说，幸福生活有三个因素：一是充满希望，二是有事做，三是能爱人。其实，这三种因素都属于积极的情感体验，这些积极体验不仅能帮助人消解生活中的压力，而且能增进人的身体健康。

如何在学生时代培养自己积极的心理品质呢？

（1）要培养良好的自尊。自尊是个人基于自我评价产生和形成的一种自重、自爱和自我尊重，是对自己能力、重要性和价值的认同。高自尊的人能管理好自己，指导并监督自己，有效应对生活中出现的挑战。自尊同时也意味着在爱的基础上对周围世界产生归属感。当我们懂得付出爱，同时也接受别人的爱时，我们就能获得稳定的归属感，就会产生积极的自尊体验。

（2）要学会感恩。感恩是人类重要的个性品质和积极的内在力量，不仅对个体的心理健康有积极作用，对构建人与人、人与社会之间的良好关系同样有着积极的作用。霍金在一次演讲结束后，有一位女记者冲到演讲台前问道："病魔已将你永远固定在轮椅上，你不认为命运让你失去太多了吗？"大师的脸上充满了笑意，用他还能活动的3根手指艰难地叩击键盘后，显示屏上出现了四段文字："我的手指还能活动；我的大脑还能思维；我有终生追求的理想；我有爱我和我爱的亲人和朋友。"之后，他又艰难地打出了第五句话："对了，我还有一颗感恩的心。"现场顿时爆发出了雷鸣般的掌声。心理学家发现，一次"感恩行动"能大幅提升快乐、减少抑郁症状长达一个月。懂得感恩的人经常能够感到幸福，感恩的人能经常体会到被关怀、被爱和被重视等积极感受，有利于促进个体的身心健康，并提高个体的幸福感。临床研究表明，忽视感恩，或者不会感恩，往往会被看成是一种心理病症的表现，个体常常体验不到积极情绪。

（3）要培养自己乐观的生活态度。要学会欣赏自己的优点，经常想想发生在自己身上的好事，经常帮助别人，尽情享受生活的愉悦，学会谅解，在家庭和朋友身上投入时间和精力，关照身体，发展应对压力与艰难的策略等。

风靡全球的哈佛大学《幸福课》心理学教师夏哈尔送给人们的十条幸福建议。

（1）遵从你内心的热情：选择对你有意义并且能让你快乐的课，不要只是为了轻松地拿一个"A"而选课，或选你朋友上的课，或是别人认为你应该上的课。

（2）多和朋友们在一起：不要被日常工作缠身，亲密的人际关系是你幸福感的信号，最有可能为你带来幸福。

（3）学会接受失败：成功没有捷径，历史上有成就的人总是敢于行动，也会经常失败。不要让对失败的恐惧，绊住你尝试新事物的脚步。

（4）接受自己全然为人：失望、烦乱、悲伤都是人性的一部分。接纳这些，并把它们当成自然之事，允许自己偶尔的失落和伤感。然后问问自己，能做些什么来让自己感觉好过一些。

（5）简化生活：更多并不总代表更好，好事多了，不一定就更有利。你选了太多的课吗？参加了太多的活动吗？应求精而不在多。

（6）有规律地锻炼：体育运动是你生活中最重要的事情之一。每周只要3次，每次只要30分钟，就能大大改善你的身心健康。

（7）睡眠：虽然有时"熬通宵"是不可避免的，但每天7~9小时的睡眠是一笔非常棒的投资。这样，在醒着的时候，你会更有效率、更有创造力，也会更开心。

（8）慷慨：现在，你的钱包里可能没有太多钱，你也没有太多时间。但这并不意味着你无法助人。"给予"和"接受"是一件事的两个面。当我们帮助别人时，我们也在帮助自己；当我们帮助自己时，也是在间接地帮助他人。

（9）勇敢：勇气并不是不恐惧，而是心怀恐惧，依然向前。

（10）表达感激：生活中，不要把你的家人、朋友、健康、教育等这一切当成理所当然。它们都是你最有价值的礼物。记录他人的点滴恩惠，始终保持感恩之心。每天或至少每周一次，请你把它们记下来。

# 三、团体设计

## （一）团体理论和技术

### 1.逐步放松训练

指使有机体从紧张状态松弛下来的一种练习过程。放松有两层意思，一是肌肉松弛，二是消除紧张。放松训练的直接目的是使肌肉放松，最终目的是使整个机体活动水平降低，达到心理上的松弛，从而使机体保持内环境的平衡与稳定。

放松训练应选择一处环境幽雅、光线柔和、气温适宜的场所，周围不应有过强的干扰刺激。可以低音播放轻松、缓慢、柔和的音乐，音乐节拍为每分钟约60次为宜。在训练前可少量进食，但应排空大小便，宽松衣带、鞋带和颈部的衣扣。坐在舒适的椅子上，头向后靠，双手放于椅子扶手上或自然下垂置于腿上，两腿随意叉开相距约20厘米，整个身体保持舒适、自然的姿势。

可以逐步放松以下四组肌肉：①手、前臂、二头肌；②头、脸、喉、肩，包括额、颊、鼻、眼、颚、唇、舌、颈；③胸、腹、后背；④股、臀、小腿、脚。

练习方法可以选择躺着或坐着练。每块肌肉收缩5~7秒，然后放松20~30秒。做完全过程后可重复一遍，如发现仍有紧张的部位可反复练习2~5次。每天练习2次，每次20分钟，1~2周即可掌握渐进松弛技术。练习时为提高松弛效果，应微微闭眼，注意力逐渐从一条肌肉移向另一条肌肉。不要用意志努力，也不需要想象，可以在放松时设想以下语句：丢开紧张，我感到平静和安逸，肌肉已经开始松弛柔软，紧张消融了，紧张离开了。

整组肌肉要同时紧张，然后松弛。其他方法如前：紧张的持续时间是 5~7 秒，放松的持续时间是 20~30 秒，每一步也至少重复一次，体验紧张与松弛的不同感觉。简化式放松训练步骤如下。

第一步：握紧双拳，拉紧二头肌和前臂，放松。

第二步：皱额，同时将头尽量向后靠，顺时针方向转圈。然后使脸部肌肉似胡桃状皱缩起来：眼睛眯紧，唇并拢，舌抵上腭，肩膀下缩，放松。

第三步：深深吸气，同时弓起背，屏住气，放松，深深吸气，收缩胃，屏住气，放松。

第四步：将脚趾和脚向上拉，拉紧胫部，持续一会儿，放松，卷曲脚趾，同时拉紧腿肚、大腿、臀部，放松。

### 2. 腹式呼吸训练

第一步：请舒适地坐在椅子上，将你的右手轻轻地放在你的腹部，然后缓缓闭上双眼，感受你的呼吸。

第二步：轻轻闭上嘴，用鼻子慢慢地吸进空气，边吸边注意将腹部渐渐鼓起来，从 1 数到 10；吸足了气之后屏住呼吸，从 1 数到 5。

第三步：将气体从口和鼻孔里轻轻地吐出来，边吐边注意让腹部凹进去，每次吐气时注意集中地默默地数数，从 1 数到 10。

按照以上的步骤，继续做 5 次同样的呼吸，然后慢慢睁开双眼，放松身体。

### 3. 蝴蝶拍

蝴蝶拍是一种寻求和促进心理稳定的方法，指导语如下：双臂在胸前交叉，双手轻拍自己的双肩，速度一定要慢，好像母亲在安慰受惊的孩子时的力度和节奏。每个人心中都有一个"内在父母"，我们可以用这个动作来安慰受惊的"内在儿童"，使心理和躯体恢复和进入一种稳定状态。

**4. 理性情绪治疗理论**

美国心理学家阿尔伯特·艾利斯认为情绪困扰的产生是由于不合逻辑的思考方式所致，因此，要去除情绪困扰，就要帮助个体了解、修正非理性想法，再以理性想法取而代之。我们可以借由改变想法来改变情绪，即借着不断地质问、驳斥自己的非理性想法，去除这些不合理的想法，并以理性的想法替代之，进而解决我们的情绪困扰，增强适应、抗压的能力。

情绪的管理不是要去除或压制情绪，而是在觉察情绪后，调整情绪的表达方式，通过一定的策略和机制，使情绪在生理活动、主观体验、表情行为等方面发生一定的变化，从而使人学会以适当的方式在适当的情境表达适当的情绪。

艾利斯的情绪 ABC 理论认为，诱发性事件 A（activating event）只是引发情绪和行为后果 C（consequence）的间接原因，而引起 C 的直接原因则是个体对激发事件 A 的认知和评价而产生的信念 B（belief），即人的消极情绪和行为障碍结果（C），不是由于某一激发事件（A）直接引发的，而是由于经受这一事件的个体对它不正确的认知和评价所产生的错误信念（B）所引起的。错误信念也称为非理性信念。

依据 ABC 理论分析日常生活中的一些具体情况，我们不难发现人的不合理观念常常具有以下三个特征。

（1）绝对化的要求。

是指人们常常以自己的意愿为出发点，认为某事物必定发生或不发生的想法。它常常表现为将"希望""想要"等绝对化为"必须""应该"或"一定要"等。例如，"我必须成功""别人必须对我好"等。

（2）过分概括的评价。

这是一种以偏概全的不合理思维方式的表现，它常常把"有时""某些"过分概括化为"总是""所有"等。用艾利斯的话来说，这就好像凭一本书的封面来判定它的好坏一样。它具体体现于人们对自己或他人的不合理评价上，典型特征是以某一件或某几件事来评价自身或他人的整体价值。

（3）糟糕至极的结果。

这种观念认为如果一件不好的事情发生，那将是非常可怕和糟糕的。例如，"我没考上大学，一切都完了"，这种想法是非理性的，因为对任何一件事情来说，都会有比之更坏的情况发生，所以没有一件事情可被定义为"糟糕至极"。但如果一个人坚持这种"糟糕"观时，那么当他遇到他所谓的百分之百糟糕的事时，他就会陷入不良的情绪体验之中，而一蹶不振。

### 5. 接纳与承诺疗法

由美国内华达州大学心理学教授斯蒂文·海思博士及其同事于20世纪末21世纪初所创立的接纳与承诺疗法（Acceptance and Commitment Therapy，ACT），是继认知心理疗法后的又一重大的心理治疗理论。ACT的核心哲学思想是：焦虑是生命的一部分，是人们对焦虑经历的正常反应。例如，为了避免经历焦虑，人们可能会有意躲开某些人、地方或活动，即使这会降低生活的充实性和丰富性。根据ACT，完全避免焦虑是不可能的，那只会导致孤立、挫折和绝望。

ACT的目标是增加思维的灵活性（弹性），不是消灭那些让人烦恼的想法（例如很多强迫症为之苦恼的想法），它常用的方法包括正念技术、隐喻和生命提升练习。像认知行为疗法（CBT）一样，ACT也是用暴露技术，但框架不同，它使用暴露的目的是方便人们找到对自己来说重要的价值和目标，不是减少症状。例如，一个人开车去朋友家时总是忍不住想自己会撞到人，ACT疗法会鼓励他找到去朋友家的目的——看电影，不是消除"忍不住想"这个症状。根据ACT，等到消除各种症状再去做事情是无用的（也不现实），焦虑是生命的一部分，总会或多或少地存在着。所以，不用等待（时间不会重来），直面恐惧，做自己想做的事情，过自己想过的生活即可。

## （二）团体目标

（1）建立安全感，让小组内的成员表达想法和感受时不会感到处于不安全的环境中。

（2）教会成员放松技术、正念技术，学会自我缓解压力。

（3）成员可以正视自己的压力，并了解自己压力的类型。

（4）除了压力的消极作用外，可以看到压力的积极作用。

## （三）注意事项

（1）在活动环节中，注意到每个学生的情绪，如果有情绪起伏过大的学生，要进行疏导。

（2）告诉学生，在活动过程中可以按照自己的想法分享自己愿意分享的部分，而不是必须什么都说出来。

（3）强调小组内成员不要评价、批评和分析其他学生，对别人讲的故事要保密。

（4）每次活动结束后，指导教师要进行简短总结。

# 四、团体辅导实施

## （一）认识情绪

### 1. 目的

（1）帮助学生了解多样的情绪。

（2）通过了解让学生清晰地认识到自己的情绪状态。

（3）学会管理和调控情绪。

## 2. 方案一

| 活动名称 | 活动过程 | 活动目标 |
| --- | --- | --- |
| 暖身活动 | 拇指摔跤大战：双方都伸出右手，手心贴着手心，四指弯曲并相扣。保持双方的大拇指都可以上下左右自由活动，谁先把对方的大拇指摁在下方，保持三秒，谁就赢。<br>小组里每个人谈一下刚才游戏过程中自己的情绪体验，要求尽量仔细，并且不要相互分析和评价<br>（5分钟） | 通过游戏活动让学生体验到情绪波动，引入主题 |
| 分享烦恼 | （1）发给每个人一张纸片；<br>（2）每个人不记名写下自己最近的烦恼事件，然后揉成团放在小组中间；<br>（3）请小组成员随机抽取其中的事件，并谈谈假如这件事发生在自己身上，会产生什么样的想法和感受<br>（15分钟） | 通过引导分享，促进学生情绪的自我觉察 |
| 故事及讨论 | 教师讲述《小倔驴的故事》。<br>一头驴，掉到了一个很深很深的废弃的陷阱里。主人权衡一下，认为救它上来不划算，走了。每天都有人往陷阱里面倒垃圾，驴很生气：自己真倒霉，掉到了陷阱里，主人不要他了，就连死也不让他死得舒服点，每天还有那么多垃圾扔在他旁边。<br>可是有一天，它的想法发生了转变。它决定改变它的人生态度（确切点说应该是驴生态度），它每天都把新的垃圾踩到自己的脚下，而不是被垃圾所淹没，并从垃圾中找些残羹来维持自己的体能。终于有一天，垃圾成为它的垫脚石，使它重新回到了地面上。<br>小组讨论：<br>（1）生活中当遇到挫折时，你会怎么想，会怎样应对；<br>（2）结合这个故事，想一想如何能调整面对挫折时的心理压力<br>（15分钟） | 通过小故事引出大道理，引发学生对认知方式在情绪管理中的作用的反思 |
| 你知道"ABC"吗？ | 介绍情绪ABC模式<br>（15分钟） | 教学指导 |

## 3. 方案二

| 活动名称 | 活动过程 | 活动目标 |
| --- | --- | --- |
| 按摩操 | 全班同学在过道上围成一个圈。让班上同学随着音乐的节拍走起来。可以把手举过头顶伸伸懒腰，再扭动扭动身体做个伸展运动，让自己更加清醒。结束之后，让同学帮助前一位同学按摩，有一定的口号（四组），之后反向再来一遍（教师可能要注意课堂的互动效果，也许有同学不太打开自己，要告诉他这是没关系的，每个人都不一样，但是老师还是很希望你尝试一下，降低焦虑增加安全感，还有教师的预期也不能太高）<br>（5分钟） | 调动课堂气氛，促进同学之间的互动，建立关系，建立安全感打开自己，并为下一个环节做铺垫 |
| 情绪公交车 | 指导语：现在有一辆神奇的公交车马上要开过来了，它的名字叫情绪公交车，待会儿我们会按组上车（每到一个站就有一个组上车一个组下车），老师会给定某种情绪（最多有三种情绪，难度由易到难），每个人要按照自己的理解表达出来，但是不能够说话，用动作把它们表现出来，中间的座位就是公交车的座位，可以走动也可以和周围的人有互动，但也要用肢体语言，以上是我们的要求，老师说完了，还有疑问的同学现在举手。<br>结束之后，每位同学回到自己的小组，交流。<br>老师提问：<br>（1）交流自己刚刚的感受，自己的情绪体验是怎样的，自己表达情绪的表情是否和大家的一样呢？<br>（2）第一个交流过程完成之后，再询问同学们最近在生活中有没有遇见比较烦心的事情或者焦虑的事情，感受是怎样的，怎么解决面对的，如果有同感的同学可以示意一下小组同学。每人都要分享（三不原则）<br>（25分钟） | 利用小组的凝聚力、普遍性、相似性来工作。体验情绪，表达情绪，也可以观察自己的情绪是否与他人的情绪有差异，从同伴身上找到一些解决问题的方法促进自我的思考 |
| 教师总结 | （1）情绪的含义、分类；<br>（2）进一步认识不合理情绪；<br>（3）如何面对不合理情绪，方法，途径<br>（20分钟） | 老师根据同学的讨论来总结情绪，让同学更加全面认识情绪是什么，怎样面对自己的不合理情绪以及解决方式 |

## 4. 方案三

| 活动名称 | 活动过程 | 活动目标 |
| --- | --- | --- |
| 情绪猜猜猜 | 教师事先准备好写有情绪词汇的小纸片。每个组选一个同学将纸片领回小组后，大家随机抽取一张纸片，不能让别人看到上面的内容。然后轮流用面部表情和身体动作做出纸片上的情绪（教师可能要注意课堂的互动效果，也许有同学不太打开自己，要告诉他这是没关系的，每个人都不一样，但是老师还是很希望你尝试一下，降低焦虑增加安全感）<br>（5分钟） | 调动课堂气氛，促进同学之间的互动，建立关系，建立安全感，打开自己，并为下一个环节做铺垫 |
| 故事及讨论 | 教师讲述《销售员的故事》。<br>　　一皮鞋公司派了两位市场调查员到一个海岛去进行市场可行性调查。这个岛上的居民没有穿鞋子的习惯，男女老少一律打赤脚。不久，两位调查员分别向公司做了汇报。A调查员神情沮丧，说道："此岛上的人都不穿鞋子，所以根本没有市场前景！"B调查员神采飞扬、兴高采烈地说道："此岛上居民都没鞋子穿，这里大有市场！"<br>　　小组讨论：<br>　　（1）A调查员沮丧的依据是什么？<br>　　（2）B调查员兴奋的依据是什么？<br>　　（3）通过A、B两位调查员的结论，你能悟出些什么道理？<br>　　教师总结：面对同一件事，不同的人有不同的看法，会有不同的认识，产生出不同的情绪。认识变了，情绪也会发生变化。左右我们情绪的并非事件本身，而是我们对事件的认识（即态度和观念）<br>（10分钟） | 通过案例分享，帮助学生理解信念和态度是如何影响情绪的 |
| 介绍情绪ABC理论 | A：事件 ⇸ C：情绪<br>　　　　↘　↗<br>　　　　B：认识<br>（15分钟） | 借助课件的图片和文字精要解释情绪ABC理论 |
| 情绪探索 | 请学生在纸上画出A、B、C、D、E五个区域（提前发A4纸给学生备用）<br>　　（1）引导学生回忆一件最近发生在自己身上的负面事件，用一句话写在A4纸的A区域；<br>　　（2）在C区域注明当时的情绪，并为情绪的程度打分；<br>　　（3）引导学生觉察：这件事情发生以后，自己为什么会有那样的反应？当时的信念、认知、判断是什么？用一句话写在B区域；<br>　　（4）引导学生尝试换一个角度理解和看待这件事，对事件进行正性加工，在D区域写出至少三种积极的信念和解释；<br>　　（5）通过再次打分，评估自己现在对这件事的情绪感受，标注在E区域。<br>　　结合刚才的纸笔练习，在小组里简单交流一下体验<br>（15分钟） | 巩固对理论的理解，引导学生觉察自己存在的不合理信念，启发学生遇到负面事件要学会进行正性加工，积极面对 |

续表

| 活动名称 | 活动过程 | 活动目标 |
|---|---|---|
| 教师总结 | 情绪 ABC 理论强调，情绪或行为反应并非由外部诱发性事件本身所引起，而是由个体对这一事件的解释和评价造成的。困扰我们的往往不是事物本身，而是看待事物的观点。管理好自己的情绪，最有效的办法就是时时刻刻调整观念<br>（5分钟） | 进一步引导学生体会"只有放下不合理的认知，树立积极信念，才能走出困境" |

# （二）与挫折为伴

## 1. 目标

（1）学会理解生活中挫折的普遍性。

（2）正视挫折带来的负面情绪。

（3）学习应对挫折的行动技术。

## 2. 方案一

| 活动名称 | 活动过程 | 活动目标 |
|---|---|---|
| 故事引入 | 有一位经验丰富的老船长，当他的货轮卸货后在浩瀚的大海上返航时，突然遭遇了可怕的风暴。水手们惊慌失措，老船长果断地命令水手们立刻打开货舱，往里面灌水。"船长是不是疯了，往船舱里灌水只会增加船的压力，使船下沉，这不是自寻死路吗？"一个年轻的水手嘟囔。看着船长严厉的脸色，水手们还是照做了。随着货舱里的水位越升越高，船一寸一寸地下沉，依旧猛烈的狂风巨浪对船的威胁却一点一点地减少，货轮渐渐平稳了。船长望着松了一口气的水手们说："百万吨的巨轮很少有被打翻的，被打翻的常常是重量轻的小船。船在负重的时候是最安全的，空船时则是最危险的。"<br>请同学们在小组里面讨论一下，这个故事让你想到了什么？如果生活中你遇到了困难挫折，你往往有什么样的反应。<br>分享结束后，选择班上一两个学生代表发言<br>（10分钟） | 通过故事，引导学生开始自我觉察挫折情景下的自我反应 |
| 画说挫折 | 在背景音乐下，让学生闭目放松，回想一下在过去的生活中自己曾经遇到过的挫折，想想当时发生了什么，自己有哪些情绪体验。然后每人发一张白纸，让学生选择合适颜色的彩笔画出当时的情绪。<br>请同学们在小组内分享自己所画的情绪体验。注意观察，小组里面谁的情绪体验和自己相似，如果有，请告诉对方。也可以分享听到别人的分享后，自己又产生了哪些新的感受和领悟<br>（10分钟） | 让学生重新体验挫折带来的负面情绪，通过小组分享宣泄情绪，并理解挫折中的共性特点 |

续表

| 活动名称 | 活动过程 | 活动目标 |
|---|---|---|
| 正视挫折 | 在小组内分享自己应对负面情绪的小妙招。<br>总结大家的妙招，在班级里分享，注意每个组的分享只补充其他组没有提到的<br>（15分钟） | 通过小组内的集思广益，扩展学生应对挫折的思路和方法，促进同伴学习 |
| 腹式呼吸训练 | （5分钟） | 通过腹式呼吸训练，教给学生放松技术 |
| 教师总结观点 | （1）挫折是生命中常有的。那些得过且过，没有一点儿压力，做一天和尚撞一天钟的人，像风暴中没有载货的船，往往一场人生的狂风巨浪便会把他们打翻；<br>（2）情绪无论正负，都有积极的功能。要学会发泄情绪，表达自己，更好地管理自己的情绪，更好地生活<br>（10分钟） | 教学指导 |

## 3. 方案二

| 活动名称 | 活动过程 | 活动目标 |
|---|---|---|
| 小小动物园 | 这个游戏要求学生偏离一贯的社会行为。游戏的内容是要学动物园里动物的动作、表情和叫声。<br>每个人先在心里选择一种想模仿的动物，然后小组内依次选择左手边的伙伴，彼此盯看，目光不能转移，同时用嘴大声学动物叫，做出动物的动作和表情，至少10秒钟。被盯着的学生再选择左手边下一个学生开始模仿，注意动物不能重复。<br>教师点评：在这个游戏中，你的感觉如何？你是否感到既幽默有趣，又有些尴尬？这个游戏尽管开始时会感到不舒服，很可能结束时已是笑声满堂。也许不管你模仿的动物是什么，最后你的表现都是"傻驴"一头。你是否注意到好玩和幽默的情绪会有助于你在这个游戏中创造性的发挥，可能会使你灵机一动，模仿出种种出人意料的叫声，获得满堂喝彩，或者逗得大家捧腹大笑？而在游戏中，感到尴尬的心理却会使你羞于开口？假如你有幽默感，学动物叫就更容易开口<br>（10分钟） | 通过动物模仿，引导学生开始觉察自己面对挑战时的尴尬，体验如何打破自我设限，以幽默和有创造力的方式表达自己 |

续表

| 活动名称 | 活动过程 | 活动目标 |
|---|---|---|
| 小组讨论 | 请同学们在小组里面讨论一下，通过这个活动，你觉察到了什么？是什么让你在这个游戏中觉得尴尬、无法做到？生活中，往往是什么让我们不敢去面对挑战？<br>分享结束后，选择班上一两个学生代表发言<br>（15分钟） | 协助学生探索生活中遇到挑战的时候内心情绪反应背后的自我评价，促进学生成长 |
| 扔骰子游戏 | 请一位同学上台拿到骰子，问："你最喜欢什么颜色？你最不喜欢什么颜色？"好，现在请你扔骰子，扔5次左右。<br>你是不是每次都扔到你最喜欢的颜色？那你是不是每次都扔到你不喜欢的颜色？<br>其他同学，你们觉得这个现象合理吗？<br>教师讲解：所以，就像你不会一直扔到你最喜欢的颜色，生活本来就不会事事都如你所愿。当生活遇到挫折的时候，你往往会有什么样的感受和想法呢？请大家把自己的感受和想法在小组里交流一下<br>（10分钟） | 通过小游戏引发学生思考，生活中为什么会有挫折，遇到挫折的时候自己的感受和想法是否合理 |
| 正念训练 | 请你以舒服的姿势坐好，根据自己的喜好，你可以闭上眼睛，或者把注视点固定在某一点上。现在把你的注意力集中到呼吸上，观察它，吸气的时候知道自己正在吸气，呼气的时候知道自己正在呼气。选择一个颜色的亮片代表你产生的情绪，你可以用蓝色代表忧郁，红色代表愤怒，或者随你的心愿。如果情绪很强烈，选择的亮片就大一些，如果情绪微弱，亮片就小一些。也许你的大脑里还有一些想法，无论它们是积极的还是消极的，都把它们放在亮片上，让它们以自己的速度飘浮，允许它们以自己的节奏来来去去。如果有不舒服的感觉出现，或者厌烦、失去耐心，承认它就好，对自己说："这里有一种厌烦的感觉"或者"这里有一种不耐烦的感觉"，然后把它们放在亮片上，让它们慢慢地旋转、流动、沉淀。继续把注意力放在你的呼吸上，吸气的时候知道自己正在吸气，呼气的时候知道自己正在呼气，注意空气正通过你的鼻孔，往下到达你的肺部，注意你的胸部或者腹部正在随着呼吸起起伏伏。<br>好，现在我们的练习要结束了，请坐好，睁开眼睛，伸展一下身体，欢迎回来<br>（10分钟） | 通过正念训练，帮助学生学会接纳自己的情绪感受 |

续表

| 活动名称 | 活动过程 | 活动目标 |
|---|---|---|
| 教师总结 | 我这里有一个瓶子，我把它叫"情绪瓶"，当我们遇到挫折的时候，我们的大脑就好像这个瓶子受到了震动，会产生非常多的想法和情绪，我用这些亮片代表这些想法和情绪，这些想法和情绪充斥在我们脑中。如果我们和这些想法和情绪斗争，想让这些想法和情绪消失，这等于是在拼命晃动这个瓶子，说"安静下来、平静下来"，但实际上，越用力，情绪和想法就越多，思绪就越混乱。安静下来的方法是：停下来，与想法和情绪保持距离，像观察者一样看看它们，允许它们存在。直面痛苦需要勇气，改变习惯需要练习，希望大家课后能够以自己的节奏坚持用正念的练习来觉察自己的想法和情绪<br>（5分钟） | 通过隐喻使学生领悟控制与回避策略的无效性，促进学生对挫折反应的接纳 |

## 4. 方案三

| 活动名称 | 活动过程 | 活动目标 |
|---|---|---|
| 鸡蛋进化论 | 想象我们都变成一个渴望破壳的蛋，一起先蹲下，而后相互找同伴以"剪刀石头布"猜拳。赢者可以破壳进化为小鹰，然后找小鹰同伴再猜拳，输者退化为鸟蛋；赢者进化为雄鹰；雄鹰也要和雄鹰继续猜拳，输了又退化为小鹰。就是同类的猜拳进化，赢者进化，输者退化。最后依然是鸡蛋形态的就是游戏失败者。<br>游戏结束后，学生简单交流游戏感受：在游戏中我们并不是一帆风顺，也会遇到不顺心，也会失败，这就好像生活中的挫折，总是会不断存在。你当时的感受是什么呢？<br>（5分钟） | 让学生重新体验挫折带来的负面情绪，通过小组分享宣泄情绪，并理解挫折中的共性特点 |
| 放飞负面情绪 | （1）发给每位同学一张白纸，请同学写下最近让自己烦恼、有挫败感的一件事，以及对自己的影响；<br>（2）将这张纸叠成小飞机，让纸飞机飞向教室各个角落；<br>（3）每个同学捡一个飞机，在小组内念出上面的内容；<br>（4）小组讨论：这些压力是否曾经在自己身上出现过？当时情绪怎样？当时自己是怎么想的？你怎样看待这些烦恼和挫败？有哪些办法可以走出负面情绪？<br>（5）分享结束后，每个小组选一位学生代表发言。教师引导学生班内交流并归纳板书结论<br>（15分钟） | 通过小游戏，引导学生开始自我觉察压力给人带来的影响 |

续表

| 活动名称 | 活动过程 | 活动目标 |
| --- | --- | --- |
| 我说你做 | 请大家跟着我的指令活动一下身体：第一个指令是耸耸你的肩膀，第二个指令是伸展你的手臂，第三个指令是反手摸肚脐，第四个指令是动动你的耳朵。<br>教师指导：我看到当我发出最后一个指令的时候，很多同学出现了茫然的表情，然后陷入不知所措与无奈之中。因为这个指令对于绝大多数同学来说，都是一项不可能完成的任务，所以此刻我们体会的无能为力就是一种无助感。要学会打破某种习得性无助，需要打破挫折体验中无助感的永久化、普遍化、无望感<br>（5分钟） | 通过游戏，开始引入习得性无助的话题 |
| 教师讲解 | 习得性无助是指个体在经历过多次消极体验之后，会感到自己对于一切都无能为力，丧失信心，陷入一种无助的心理状态，是一种"学习"来的无能为力感。面对眼前的事情，我们并不是真的无能为力，而是因为多次挫败经历之后，我们以为自己无法掌控行为的结果，所以悲观绝望、坐以待毙，放弃了对行为的控制，即使环境发生了改变，仍然视而不见。因此，我们可以把习得性无助的核心症结总结为"控制感被剥夺"<br>（10分钟） | 通过解释习得性无助，教给学生应对方式 |
| 挑战不可能 | 请你写出一个你认为"不可能"完成的事件，制订一个详细挑战计划，并在小组内一起讨论这个计划是否可行，相互给予支持和帮助<br>（15分钟） | 教学指导 |

# （三）压力管理

## 1. 目标

（1）提高学生对压力管理的兴趣。

（2）教会学生如何合理管理压力，缓解压力，释放压力。

## 2. 方案一

| 活动名称 | 活动过程 | 活动目标 |
|---|---|---|
| 感受压力和放松 | 让同学们坐在座位上，向前伸出胳膊，舒展开来，将手掌全部打开。接下来慢慢攥紧自己的拳头，绷紧自己胳膊上的肌肉，用力坚持5秒钟。然后从胳膊开始慢慢放松下来，先是胳膊上的肌肉放松，然后是手掌，将手掌肌肉放松，到最舒适、最轻松的姿势，以此来感受在身体紧张情况下的压力感受<br>（约5分钟） | 通过身体动作表达，唤醒内在压力和放松的感觉 |
| 讲解压力 | 向全班同学讲解压力的概念，以及形成的机制原理，压力缓解释放的方式方法等。人都有自己的人格特征，这是每个人最难改变的基本特质，它会在一定程度上影响每个人面临生活事件时的应对方式。然后在人格与生活事件的相互作用中，人会产生各种压力反应，如心理反应、生理反应和行为反应等<br>（约10分钟） | 给同学们讲解压力的基本知识，有助于同学们对后面压力的分类、压力的释放等知识的理解和学习应用 |
| 压力区域图 | 压力主要可以分为8类，主要有学习压力、就业压力、人际交往压力、经济压力、情感压力、家庭压力、身体和健康压力以及生活适应压力，给同学逐个讲解清楚。<br>然后进行压力分类的小游戏，将教室分成八大区域，让同学分别对应自己当前面临最大的压力坐到相应的教室区域中。让同学在自己的区域内和周围的人分享自己的压力。<br>教师需要提醒：我们要想找到和自己类似的朋友，有时候需要主动分享自己面临的情况。分享不是为了窥探别人隐私，而是寻找和我们一样的人，互相提供社会支持以缓解压力。因此只能分享自己真实存在的事实和感受，不能讲不属于自己的部分<br>（约10分钟） | 通过压力分类让大家清楚地认识到自己面临的压力。同时让他们知道自己不是在孤军奋斗，从而提高他们面对压力的信心 |
| 怪兽拼图 | 老师给出要求：每个区域小组要创造一只"怪兽"，这只怪兽由小组全体成员连接在一起组成。老师说这只怪兽有10只脚，8只手，小组就做出10只脚和8只手的"怪兽"<br>（约10分钟） | 激发小组乐趣，让成员放松，活跃小组内的气氛，并且逐渐在小组内获得安全感 |
| 减压百宝箱 | 小组内一起讨论生活中调节压力的可行方式，尽量多地列举出可以用到的方法。把所有的方法写在纸上，由一个学生代表在班级里分享，注意前面分享过的部分，后面的小组就只做补充说明<br>（10分钟） | 教会同学如何缓解压力，合理地释放压力 |
| 教师总结 | 主要梳理学生提出的减压方式，注意提醒不合适的减压方式，并且做适当补充<br>（5分钟） | 教师归纳学生们提出的减压方法，进一步强化学习效果，并且从心理学角度提出建议 |

## 3. 方案二

| 活动名称 | 活动过程 | 活动目标 |
|---|---|---|
| 故事导入 | 课堂上拿起一杯水然后问学生说:"各位认为这杯水有多重?"学生自由回答，答案不一。教师则说:"这杯水的重量并不重要，重要的是你能拿多久？拿一分钟，各位一定觉得没问题，拿一个小时，可能觉得手酸，拿一天，可能得叫救护车了，其实这杯水的重量是一样的，但是你拿得越久，就会越觉得沉重，这就像我们承担着压力一样，如果我们一直把压力放在身上，不管时间长短，到最后就会觉得压力越来越沉重而无法承担，我们要做的是：放下这杯水，休息一下，再拿起这杯水，这样我们才能拿得更久。"<br>请同学们在小组里讨论一下，通过这个故事，你想到了什么？如果生活中你遇到了困难和挑战，你往往有什么样的反应。<br>分享结束后，选择班上一两个学生代表发言<br>（10分钟） | 通过故事，引导学生开始自我觉察挫折情景下的自我反应 |
| 压力光谱图 | 想象地面出现一条光谱，靠近讲台的一端为"0压力"，越靠近教室后墙压力越大。请同学感知自己压力的大小，选择光谱图中合适的位置站立。<br>（同学们可能会抱团站位，不会突出自己。如果有同学站到特别往前的位置，就是说这位同学压力非常大。这时候教师应该站到他身边，可以的话手可以放在他肩膀上给他安全感、信任感，感谢他今天勇敢暴露了自己真实的部分）。<br>分别邀请光谱的两端和中间同学代表发言，请他们说说站在这个位置的感受是什么？然后请同学们就近相互交流一下，最近让自己有压力的事件都有哪些<br>（10分钟） | 通过游戏的方法帮助同学对压力进行自我评估，同时也能了解到班级同学目前的压力情况 |
| 蝴蝶拍训练 | 请同学们回到自己的小组，然后训练蝴蝶拍。这是一种寻求和促进心理稳定的方法，指导语如下：双臂在胸前交叉，双手轻拍自己的双肩，注意速度一定要慢，好像母亲在安慰受惊的孩子时的力度和节奏。每个人心中都有一个"内在的父母"，我们可以用这个动作来安慰受惊的"内在的儿童"，使心理和躯体恢复和进入一种"稳定"状态<br>（5分钟） | 通过技术训练，帮助学生掌握应对压力的简单方法 |
| 探索非理性观念 | 教师通过举例讲解非理性观念的三大特征：绝对化、过分概括化（以偏概全）、糟糕至极（灾难化）。<br>请同学在小组里讨论，生活中，自己是否会有这三类非理性的观念，表现在什么地方。小组一起集思广益，想一想如何才能转化非理性信念为合理信念<br>（15分钟） | 利用合理情绪理论帮助学生探索压力中的自我信念作用，了解负面情绪的危害以及情绪产生的根源 |

续表

| 活动名称 | 活动过程 | 活动目标 |
| --- | --- | --- |
| 教师总结 | 结合小组讨论中出现的具体例子，进一步讲解不合理信念的危害，以及如何转变<br>（10分钟） | 学会使用合理情绪疗法调适情绪 |

# 专题六
# 学业管理与生涯规划

## 一、学习倦怠

学习倦怠是指学生在应对学业压力时所出现的情绪、行为以及认知的衰竭状态，其本质是学生能力无法胜任学业需求时使用的一种消极应对方式。学生在长时间连续、被动的学习过程中，一旦出现生理和心理耗竭，就很容易导致学习倦怠。生理上会出现头疼、食欲不振、关节疼痛、全身无力等身体机能障碍。学生出现学习倦怠会导致其学习质量降低，也会对学生的身心健康和行为表现产生负面影响。学习倦怠的学生往往对学业表现出过度焦虑，在考试等压力下担心不能达到预期目标或不能克服障碍，害怕自尊心、自信心受挫，精神紧张，记忆力下降，注意力分散，情绪躁动，寝食难安。他们会在学校里表现冷漠，对学习和学校生活中发生的一切都漠不关心，态度消沉，情绪低落，灰心丧气，无精打采。他们经常感到郁闷，也不懂得向别人倾诉，把所有的愁苦、愤懑积压于心。他们看问题悲观，容易自暴自弃，会低估自己的能力，往往对未来没有规划，不抱希望。

有研究表明，焦虑与学习成绩之间呈现一种"倒U形曲线"关系，也就是说，学习焦虑水平过高或者过低，都会降低学习活动的效率，导致学习成绩下降。当人处在过度紧张的情绪状态时，记忆力会下降，思路易堵塞，想象力贫乏，动作的准确性降低，不能进行创造性的学习活动；容易失望、悲观，放弃自己的愿望，有时甚至产生攻击性行为。

造成学生学习倦怠的原因有很多，一般而言，学习过分紧张，学习和升学压力过大，学习挫折与归因不当，缺乏自信等都是学习倦怠的根源。长期过度疲劳不仅会引发头痛、失眠、头晕等身体反应，也会导致注意力不集中、反应迟钝、神经衰弱等后果。

长期的学习压力和学业受挫甚至会引发"习得性无助"。习得性无助是指通过学习形成的一种对现实的无望和无可奈何的行为、心理状态。这种心理让人自设樊篱，把失败的原因归结为自身不可改变的因素，例如一些学生总将别人的成功归因于运气好或有着自己可望而不可即的能力，而将自己的失败归结为自己的无能或缺陷，形成"无法预期，不可控制"的心理判断，于是放弃继续尝试的勇气和信心，破罐子破摔。"习得性无助"的学生往往自我效能感低，对自己完成学习任务的能力持怀疑和不确定的态度，因而倾向于制定较低的学习目标以避免失败。遇到挫折时，他们往往没有自信心，更容易放弃，同时又体验到强烈的焦虑，身心健康受损。

从环境因素上分析，社会上享乐主义、学习无用等不良风气会影响到部分学生，使他们对学习失去信心，沉迷于网络游戏、恋爱、游玩等，进而产生学习倦怠。从教育方式上分析，一些教师填鸭式、灌输式的教学方式会导致学生参与度低，再加上部分教学内容相对陈旧，脱离学生的实际生活和兴趣，让学生感觉课程枯燥无味，对自己的成长也没有太大帮助，于是产生学习无用的思想，对上课失去兴趣，频繁开小差，逐渐引发学习倦怠感。一些教师在教育过程中很少与学生进行情感交流，当学生表现不良时给予不恰当的评价方式，还有些教师不重视学生的课堂管理，对学生的迟到、旷课等违纪行为视而不见，考试喜欢放水，不给学生提出具体且有难度的考核要求，都会导致学生对学习失去兴趣。

假如学生现在正处于明显的学习无助或压力中，如何缓解呢？

第一个方法是宣泄。要引导学生把烦恼、压力、不愉快都说出来，如果不敢向家长和老师倾诉，就找好朋友寻求安慰；也可以把一切压力、烦恼、不愉快写在纸上，然后把它扔掉、烧掉……想着一切的烦恼都随之消失了。学会自我暗示，经常提醒自己："没有什么大不了的""一切都会好的""我能行"等。

第二个方法，学会重新定义挫折事件。有人曾做过这样一个实验：将一只跳蚤放进杯中。开始，跳蚤一下就能从杯中跳出来。随后，若将杯子盖上一个透明盖，跳蚤仍然会往上跳，但碰了几次盖后，碰疼了，慢慢就不跳那么高了。这时将盖拿走，会发现那只跳蚤已经不能跳出杯子了，因为它将目标定到了不及盖的高度。看来，跳蚤因为几次失败就干脆放弃了继续努力，而让自己的潜能永远沉睡，这真是一个悲剧。失败不可怕，可怕的是心中觉得自己永远不能成功的想法。一旦你有了这样的自我设限，你就真的跟那只跳蚤一样，先是放弃努力，然后等待无奈的命运。面对过去，要将已经发生的挫折事件的所谓"永久性"转变为"暂时性"，即打破永久化；将挫折事件发生的"普遍性"转变为"特定性"，即打破普遍化。面对未来，要学会积极预期行为的结果。习得性无助会让我们感到掌控感被剥夺，这也是习得性无助者的典型特征。因此，我们要在行为与结果之间重建这种关联，相信某种行为一定会带来预期的结果，并且为达到预期的结果不断探索两者之间的联系。

第三个方法，可以教给学生做一些能带来积极感受的活动。比如读感兴趣的书，读时可以漫不经心，随便翻翻，重点在于放松自己。或者听一些轻松愉快的音乐，学一些雅趣，包括下棋、打牌、绘画、钓鱼等。

第四个方法，每周至少参加4次有氧锻炼。跑步、游泳、散步或是在学校参加锻炼课程均可。每天给自己制订一个锻炼身体的小计划，坚持下来，到时候不仅有了很好的抗压能力，还华丽变身"型男靓女"，真是一举多得。

第五个方法，就是要学会正确面对压力。"人生不如意之事十之八九"，这句老话告诉我们，其实生活里总是有很多不顺心的事。特别是在当今时代，社会的发展太快，竞争压力巨大，压力人人都不可避免。同学们可以去读一些名人传记，就会发现，往往越是成功的人，年轻时越是经历坎坷，都是在压力中成长的。要想成为一个幸福的人，就不能回避生活中的问题，所以要把压力变为动力，使自己乐于学、勤于学。另外，人生目标的设立要合理，要学会"跳起来，够得着"，目标过高或过低都不利于学习和成长，目标过高，自己达不到，更易丧失信心。

第六个方法，就是管理好时间。我们有时感到压力大，往往是由于没有把时间安排好，做好时间管理是一件缓解压力的好方法。首先要制订一个计划。计划可大可小，大到整个学期、每个学科；小到每个星期、每个单元，这样便于科学安排时间，提高学习效率。同时讲究用脑卫生，注重劳逸结合。另外，每学一个新的内容，都要及时掌握，及时巩固。前一天预习新课；当天回顾所学内容；一周小结复习；单元测试前复习巩固；期中、期末前系统复习。这样从预习到考试，一遍遍加深印象巩固记忆，就不会感到压力太大，无形中减轻了焦虑程度，考试也能应付自如。

## 二、学生生涯规划

职业生涯规划也叫"职业规划"。是指个人与组织相结合，在对一个人职业生涯的主客观条件进行测定、分析、总结的基础上，对自己的兴趣、爱好、能力、特点进行综合分析与权衡，根据自己的职业倾向，确定最佳的职业奋斗目标，并为实现这一目标做出行之有效的安排。职业生涯规划最早起源于1908年的美国。有"职业指导之父"之称的弗兰克·帕森斯针对大量年轻人失业的情况，成立了世界上第一个职业咨询机构，并首次提出了"职业咨询"的概念。从此，职业指导开始系统化。到二十世纪五六十年代，舒伯等人提出"生涯"的概念，于是生涯规划不再局限于职业指导的层面。

学生的生涯规划是指学生在校期间进行系统的生涯规划的过程。它包括学习规划、职业规划。职业生涯规划的有无、好坏直接影响到学习生活质量，更直接影响到求职就业，甚至未来职业生涯的成败。从狭义职业生涯规划的角度来看，此阶段主要是职业的准备期，主要目的在于为未来的就业和事业发展做好准备。一个完整的职业规划由职业定位、目标设定和通道设计三个要素构成。

一位极其有名的钢琴大师在授课第一天，给自己的新学生一份乐谱。"试试看吧！"他说。乐谱的难度颇高，学生弹得生涩僵滞、错误百出。"还不成熟，回去好好练习！"教授在下课时如此叮嘱学生。学生练习了一个星期，第二周上课时正准备让教授验收，没想到教授又给他一份难度更高的乐谱。"试试看吧！"上星期的课教授也没提。学生再次挣扎于更高难度的技巧挑战。第三周，更难的乐谱又出现了。同样的情形持续着，学生每次在课堂上都被一份新的乐谱所困扰，然后把它带回去练习，接着再回到课堂上，重新面临两倍难度的乐谱，却怎么样都追不上进度，一点儿也没有因为上周练习而有驾轻就熟的感觉，学生感到越来越不安、沮丧和气馁。"超高难度……"他翻着乐谱，喃喃自语，感觉自己对弹奏钢琴的信心似乎跌到了谷底。已经3个月了，不知道为什么教授要以这种方式整人！他勉强打起精神，开始用自己的十指奋战、奋战、奋战……琴音盖住了教室外面教授走来的脚步声。当教授走进练习室时，学生再也忍不住了，他向钢琴大师提出这3个月来何以不断折磨自己的质疑。教授没开口，他抽出最早的那份乐谱，交给了学生。"弹奏吧！"他以坚定的目光望着学生。

不可思议的事情发生了，连学生自己都惊讶万分，他居然可以将这首曲子弹奏得如此美妙、如此精湛！教授又让学生试了第二堂课的乐谱，学生依然呈现出超高水准的表现。演奏结束后，学生怔怔地望着老师，说不出话来。"如果我任由你表现最擅长的部分，可能你还在练习最早的那份乐谱，就不会有现在这样的程度。"钢琴大师缓缓地说。

这个故事给你什么启示？很多时候，人的潜力是谁都想象不到的，只是缺少一种力量和适当的规划去挖掘。只要有目标、有规划、能坚持，就能挖掘出更多的可能。

怎样能让自己充分挖掘潜力，获得更多成长呢？

首先，要有明确的生涯目标。目标坚定，过程中不论遇到什么困难，你都要想到你的目标，不断努力去接近它。从另一个角度看，每一次困难都是我们正在努力的见证。因为我们努力了，进步了，才会遇到更多阻碍。你想，当我们爬山时，是不是每向上爬一段，就更费力一些呢？虽然很累，但是也会看得更远，距离山顶也更近了一步。

成功的定义是"实现有意义的既定目标"。拥有想成功的意愿，意味着你必须不断给自己提出趋向成功的具体目标。有数据分析显示：世界上只有3%的人有清晰而长远的目标，10%的人有清晰而比较短的目标，60%的人目标模糊，27%的人没有目标。我们往往会给自己的"没有目标"找各种理由，例如害怕失败，害怕被人耻笑，不知道目标的重要性，不知道设定目标的方法，不知道设定的目标是否正确。然而你知道吗，如果你没有自己的目标，你的生活也不会更轻松，你每天依然要不断被动解决各种问题。

水不击不跃，人不激不奋。向自己的目标发起冲锋，能给自己一个挑战自己的理由。目标让我们能集中精力把握现在，让我们不断自我完善，看清使命，产生动力，体验到更丰富的生存意义和价值，增加成就感、自豪感。正如美国作家爱默生所说："一心向着自己目标前进的人，整个世界都会为他让路。"有时候，给自己树一面信念的旗帜，你的人生就有了奋斗的动力和生命的活力！

其次，人往往习惯停留在自己所熟悉、所擅长的领域，而不愿意去探索一些可能让自己不舒服的领域。这就需要认真、大胆做出生涯规划，有些事不去做，你永远也不知道自己能不能做。学生正处于学习成长的关键时期，学习接受能力和创造能力都是很高的，因此要抓住宝贵的青春，多接触一些自己不了解的领域，在生活的不同方向进行自我探索，要允许自己尝试后的失败。当有了成功的意愿，剩下的也就是如何行动获取成功。你会惊奇地发现，只要开始结合自己现在的实际情况，把目标分解为每年、每月、每日的小目标，实现它们的方法就会有很多。有同学总是抱怨没有时间，其实很多时候是自己拖延。制订计划，立刻行动；分清主次，杜绝拖延；条理清晰，检查追踪……这些都是走向成功的秘诀。美国的富兰克林曾说："你热爱生命吗？那么就不要浪费时间了，因为时间是组成生命的材料。"只要不浪费时间，踏踏实实坚持每天的计划，就会不断靠近成功的目标。

最后，合适的生涯规划要懂得向他人学习。学习不仅仅包括学校专业知识的学习。孔子说，三人行必有我师。遇到了问题，自己不明白，就谦虚地向他人请教一下。要知道，没人会嘲笑你的无知，只可能嘲笑你的失败。况且，寻求帮助也是一个人际交流的过程，你的人际关系反而会变得更好。在所有获得成功的方法中，学习是成功的源泉，是提高竞争力、改变命运的重要途径。

# 三、时间管理

有着良好的时间管理倾向的人对将要完成的任务需要持续的时间有着精确的估计，对以前曾经完成的任务亦有着非常精确的记忆。良好的时间管理能够帮助人们减少时间资源的浪费，达到运用时间的最高效率。特别是对于正处在人生重要时期的广大年轻人，能够有效管理时间，就意味着能够在未来的事业上取得成功，达到自己的理想。我国学者黄希庭、张志杰认为，时间管理倾向是个体在运用时间的方式上所表现出来的心理和行为特征，是一种人格倾向。

时间管理倾向的概念反映的是个体在时间管理方面的价值感、监控观、效能感。学业自我效能是指个体对自身成功完成学业任务所具有能力的判断与自信。它包括两个维度：学习能力自我效能和学习行为自我效能。

时间管理的理论模型把时间管理分为宏观、中观和微观三个水平的成分，认为时间管理是心理管理的一个方面。

有研究发现，不良的时间管理行为（比如不能正确合理地分配时间）是大学生心理压力和学业成绩不理想的原因之一。

另一项研究证实，职员通过时间管理行为所形成的时间控制感，是导致工作压力降低和满意度升高的直接原因。对大学生的研究也发现，时间管理不但对学生的学业成绩具有显著的预测作用，而且与焦虑、抑郁等存在显著的负相关，与自尊、主观幸福感、自陈健康状况等存在显著的正相关。

随着互联网时代的到来，计算机的广泛应用，当代学生生活、学习习惯方面发生了很大的变化，学生接受外界的信息量越来越大，而且大量的外界信息对他们的思想冲击在不断地增强，形形色色的网络游戏、社交软件乃至手机互联网应用等让当代学生追求生活的体验方面达到了一个前所未有的高峰。与此同时，在这个信息量不断爆炸、科技快速发展的社会环境下，当代学生在完成学业和任务方面表现出与现代社会生活快节奏不相适应的拖延现象。

拖延行为指的是个体在面临一项必须完成的任务时不能立刻投入并按时完成，而是有意地从事与之无关的其他行为活动，并推迟从事任务的现象。相关研究表明，拖延现象在当代学生群体中十分普遍，尤其是在学生的学业任务方面。拖延行为本身会给个体带来许多负面影响，如无法按时完成学习任务、人际交往出现危机等，由此产生的不良后果还会进一步影响学生群体的情绪情感状态。因此，拖延是学生的一个重要压力来源。

有学者认为"拖延"本身是一种非理性的行为，而且一旦养成习惯，很难进行纠正。心理学教授约瑟夫·费拉里认为拖延症是一种精神疾病。"明日复明日，明日何其多"，从根本上指明了拖延状况的本质所在。其深层内涵则是在时间管理上的懒惰与懈怠，将今天要做的事情拖到明天，而等到了明天再拖到下一个明天，以此重复，而不采取积极的行动。长期的拖延行为导致我们自我怀疑，我们不能按时完成某项工作的次数越多，持续时间越长，我们就会越不自信，越怀疑自己。同样的，我们也会变得精神萎靡，变得更自我，更焦虑、无措。

面对拖延症，解决它的最好办法是了解它的成因，进而从根本上避免拖延行为的出现。造成拖延行为的具体原因尚不明确。有观点认为拖延是由一种或多种相对稳定的人格特征造成的。有研究表明，拖延症与个体的焦虑程度、自信心、自尊以及完美主义倾向等均存在一定的关联；另外一种观点认为，拖延多是由环境决定的不稳定因素造成的。例如，研究发现拖延者的拖延行为与完成任务所受的时间压力和来自外界的娱乐方面的诱惑有关。拖延者往往难以抵制外界的诱惑，尤其是娱乐方面的诱惑，从而导致了拖延行为。另外，需要完成的任务越复杂，人们越容易拖延，当个体认为某项任务的难度超出自己的能力时，由于缺乏对成功的控制感，通常会采用拖延的方式推迟或逃避完成该任务。工作上曾遭遇过重大挫折，对自己不够自信的人，更容易产生逃避心理，不断地推迟完成任务。

时间管理策略作为资源管理策略的主要组成部分，能否有效运用是个人赢得成功的关键，也直接影响着学生学业成绩和生活质量。课堂团体辅导活动需要结合学生拖延的原因设计相应的活动，让学生认识拖延的行为，并在团体活动中学习如何正确应对拖延行为，努力克服拖延行为，在日常生活中，利用一些小技巧来克服拖延，来让生活更愉快。

## 四、团体设计

### （一）团体理论

#### 1. SWOT 分析法

本次课程所采用的，SWOT 分析法，又被称为态势分析法，评估自己的优势、劣势、机会和威胁。SWOT 分析法，最初是应用于企业，帮助企业分析自身的优势和劣势、分析自己所处的行业环境，从而制定适合自己的发展方向和发展策略。如今，SWOT 分析法被越来越广泛的应用，其中就包括个人剖析。

SWOT 分为四个板块，分别是：优势因素（Strengths）、劣势因素（Weaknesses）、机会因素（Opportunities）和威胁因素（Threats）。其中，S、W 是内部条件，O、T 是外部环境因素。采用 2×2 的矩阵式分析方式。用于个人分析时，可以通过上述分析来确定自己所拥有的能力、喜好、机会和风险等。

#### 2. 周哈里窗模式

心理学家鲁夫特与英格汉提出"周哈里窗（Johari Window）"模式，"窗"是指一个人的心就像一扇窗，周哈里窗展示了关于自我认知、行为举止和他人对自己的认知之间在有意识或无意识的前提下形成的差异，由此分割为四个范畴：①面对公众的自我塑造范畴；②被公众获知但自我无意识范畴；③自我有意识在公众面前保留的范畴；④公众及自我两者无意识范畴，也称为潜意识。普通的窗户分成四个部分，人的心理也是如此。因此把人的内在分成四个部分：开放我、盲目我、隐藏我和未知我。

#### 3. 职业生涯画布

《商业模式新生代（个人篇）》一书提供了一种职业规划的方式，可以用一张画布规划自己的职业生涯。画布上有以下九个模块。

（1）核心资源。

每个人的核心资源主要有：天赋、个性、兴趣、知识、技能、经历、人脉、资产。天赋指一种个人特质，往往表现在你做某类事情的时候会比较容易投入，感到轻松。个性指性格特征，如开朗、冷静、深思熟虑、关注细节、情绪敏感等。兴趣是人最宝贵的资源，让人容易投入，带来满足感、成就感。知识，是个人掌握的、可以引发改变的信息，比如专业知识、法律条文、历史典故等。技能包括了驾驶、护理、烹饪、计算机操作、写作、心理辅导等。经历，如参与过学校的辩论赛、大学生创新创业项目等，会对职业发展有所帮助。人脉是你拥有的人际关系，包括你的老师、同学、亲友。资产指有利于个人创业的有形或无形资产，比如汽车、工具、存款、知识产权、专利等。

（2）关键业务。

关键业务指的是你可以为客户提供的体力或脑力活动，往往是特定的工作任务，如排版编辑、演示文稿制作、生涯咨询、软件开发、厨艺、专业培训等。

（3）价值服务。

价值服务指你的关键业务能为客户带来的价值。思考"客户请我完成什么工作？完成这些工作会给客户带来什么好处？"能够让人更准确地意识到自己的价值。

（4）客户群体。

客户群体是指可能会付费享受你的工作服务的群体。包括企业内部依赖你的工作、依靠你的帮助来完成任务的人，如老板、上司、上下游部门的同事等；企业外部，可能购买或使用你的产品或服务的顾客或公司。

（5）渠道通路。

渠道通路关注的是你向客户交付产品或服务的方式，例如提交书面报告、当面沟通、向服务器上传代码、现场演示、发快递等。你可以思考：潜在客户怎样才能知道你能帮助他们？潜在客户怎样才能决定是否购买你的产品或服务？潜在客户怎样实现购买？你怎样交付客户购买的产品或服务？你怎样保证满意的售后？

渠道通路非常重要，只有确定价值服务才能宣传价值服务；只有宣传价值服务才能销售价值服务；只有销售价值服务才能赢得回报。

（6）客户关系。

你和可能的客户群体如何打交道？面对面直接沟通还是邮件、微信之类的间接联系？是一锤子买卖还是持续性服务？是扩大客户数量（拓展）还是满足现有客户的需求（维持）？在客户关系模块中可以试着探索上述问题的答案。

（7）重要合作。

重要合作伙伴是指那些支持你的工作、帮助你顺利完成任务的人。他们能为你提供鼓励、建议和成长机会，或者提供一些资源。重要合作伙伴包括工作中的同事和导师、职业圈内的同伴、家人朋友和专业顾问。

（8）收入来源。

如工资、专业服务费、股票期权、版税以及其他现金收入。此外，这个模块还可以添加收益内容，如健康保险、养老金、学费补助等。也可以加入一些"软"收益，如满足感、成就感和社会贡献等。

（9）成本结构。

成本指的是你在工作中的付出，包括时间、精力和金钱。可以在这个模块列出无法返还的"硬"成本，例如：培训费或订阅费，交通费或社交费，车辆、工具或服装费，在家或单位工作时必须个人承担的互联网、电话、运输及水电费用，拓展客户所必需的公关费用。

此外，成本也包括实施关键业务或重要合作导致的压力感和失落感等"软"成本。

### 4. 时间管理四象限法则

"二八定律"，又称"帕累托法则"，由19世纪意大利经济学家帕累托提出，其核心内容是生活中80%的结果几乎源于20%的活动。比如，总是那20%的客户给你带来了80%的业绩，可能创造了80%的利润；世界上80%的财富被20%的人掌握着，世界上80%的人只分享了20%的财富。因此，要把注意力放在20%的关键事情上。

根据这一原则，应当根据斯蒂芬·科维的四象限法则给要做的事情分轻重缓急，进行如下的排序。

A. 重要且紧急——必须立刻做。要学会把当下最重要的事情放到这个象限里，这些生活中确实迫切的问题需要限期完成。

B. 重要但不紧急——只要没前一类事的压力，应该当成紧急的事去做，而不是拖延。例如制订目标与计划、人际关系的建立、锻炼身体等。如果这个领域的事情拖延，将会使A象限日益扩大，使人压力增加，在危机中疲于应付。

C. 紧急但不重要——只有在优先考虑了重要的事情后，再来考虑这类事。其实，许多看似很紧急的事，拖一拖，甚至不办，也无关大局。比如不速之客的拜访、意外的电话、某些临时会议。符合别人期望的事情往往属于这一象限。这类事情因为迫切的呼声会让人产生"这件事很重要"的错觉——实际上就算重要也是对别人而言。很多时候，人们花了大量时间在此象限打转，大多情况下不过是在满足别人的期望与标准。

D. 既不紧急也不重要——有闲工夫再说。例如毫无营养的电视节目、无建设性的闲聊等。虽然有时候人也需要这样的事情来放松或缓解压力，但是如果将此类事情没有控制地去做，反而对身心有损，刚开始时也许有滋有味，到后来你就会发现其实会很空虚。

## （二）团体目标

（1）了解学业倦怠的定义、表现及成因，探索自己的应对方式，直面自己在学业上存在的问题。

（2）针对学习生活时的非理性想法加以讨论、澄清，建立正确的学业态度。

（3）练习缓解学业倦怠的有效行为与技巧。

（4）利用职业生涯画布引导学生思考自身能力优势劣势等有关话题，并初步形成职业生涯规划思想。

（5）掌握SWOT分析技巧，时间管理四象限法则，可以进行简单的自我思考与分析。

（6）认识拖延行为，并学习如何有效地自我管理。

## （三）注意事项

（1）每次团体选择一个小组长组织活动，做好准备工作，如在进行活动的过程中，注意团体成员之间的协调合作。

（2）告诉学生，在活动过程中可以按照自己的想法分享自己愿意分享的部分，而不是必须要什么都说出来。

（3）强调小组内成员不要评价、批评和分析其他学生，对别人讲的故事要保密与尊重。

（4）每次活动结束后，指导教师要进行简短总结。

# 五、团体辅导实施

## （一）学业管理

### 1. 目标

（1）协助学生对自己的学业现状进行反思。

（2）梳理目前存在的学业问题。

（3）探索学业管理的办法。

## 2. 方案一

| 活动名称 | 活动过程 | 活动目标 |
|---|---|---|
| 放松冥想 | 　　现在，请你闭上眼睛，找到一个最舒服的位置坐好。深深吸一口气，再慢慢呼出。好的，现在请跟着我的声音一起回忆。你是否有过这样的经历，有那么一段时间，你有很多的作业要做，这些作业很难，让你头疼，让你苦恼，你不想多看一眼，觉得这些知识与你的生活没有任何关系，认为读书没有用。你把书丢在一旁，开始玩手机，打游戏，睡觉……此时，你是否察觉到了自己的心情？它是什么样的呢？<br>　　现在请你拿起手中的笔，把自己那时的感受写下来或者画下来<br>　　（约5分钟） | 感受学业压力的情绪，思考自己在学习生活中出现的心理困扰 |
| 知识讲解 | 　　20世纪70年代，美国临床心理学专家弗洛登伯格在研究职业压力时提出了"倦怠"这一概念。"倦怠"是描述个体由于长期的工作压力得不到有效缓解，而产生的心理、生理上的疲惫，对工作及他人态度冷漠，工作能力逐渐下降，缺乏工作成就感等一系列负面症状。<br>　　表现：学习者对学习缺乏兴趣或动力却又不得不进行学习活动时，就会感到厌倦，从而产生一种身心疲惫的心理状态，对待学习活动态度消极，这种状态就是"学习倦怠"。<br>　　成因：学习强度过大，身心过度疲劳；学习压力过大，心理负担重，挫折过多；归因不当，缺乏自信心；自我评价消极，学习环境不适。<br>　　应对方式：①适应或改造环境；②积极评价，找回自信；③改善学习，创造成功体验；④舒缓压力，放飞心灵，用放松法舒缓压力；⑤恢复体力和脑力，顺应生物钟的节律，安排学习和生活<br>　　（约10分钟） | 了解学业倦怠的成因及表现方式，正视存在的问题 |
| 学习倦怠光谱图 | 　　成员根据自己最近学习倦怠的程度，从教室前门到后门一字排开，一端代表0分，另一端代表10分，选择自己最接近的状态自我评估，注意强调这个过程没有对错，只是自己的主观感受评价。选择代表不同分值段的学生代表发言，说出选择这个位置的理由。<br>　　回到自己的小组，请成员分享在这个活动过程中有什么样的感受和发现，有没有一些对自己新的理解和感受。当听到别人的分享时，最触动你的部分是什么，请你告诉这个组员<br>　　（约15分钟） | 激发成员自我表露，了解他人和自己学业倦怠的程度及原因 |
| 开怀大笑 | 　　小组围成一圈，从第一个人开始说"今天我吃了一个A"（A为随意食物名）；接着第二个接着说，吃了一个A，两个B……（B为不同的食物名）。像这样一直传下去，每传一个人就必须重复一遍前面所有的食物名，另加一个新的食物名。一直到有人中途讲错出局。<br>　　注意：可选一些较难的食物名或菜名，或一些平常不容易吃到的，例如滑蛋干贝牛肉汤<br>　　（约10分钟） | 激发小组乐趣，让成员放松，并且逐渐在小组内体会幽默化解焦虑的重要意义 |

续表

| 活动名称 | 活动过程 | 活动目标 |
|---|---|---|
| 学习宝典 | 小组成员轮流分享对自己的学习有帮助的小妙招。等全部成员分享完后，每个人再谈谈听了别人的分享有什么样的感受或者想法<br>（约13分钟） | 通过成员彼此鼓励支持及分享自己解决学习困难的策略，促进学生成长 |
| 教师总结 | 简单分享学业倦怠的应对方式，并鼓励组员课下交流的方式，巩固所学，真正做到应对学业倦怠问题<br>（约2分钟） | 点明学业倦怠的应对方式 |

### 3. 方案二

| 活动名称 | 活动过程 | 活动目标 |
|---|---|---|
| 理想旅程 | 指导语：现在请你尽可能地放松，以你自己最舒服的姿势坐在座位上，闭上眼睛，并且完全地放松自己，舒缓你的呼吸，将自己身体那些有紧张感的地方，尽可能地放松……放松……放松……再放松……现在，我希望你可以想象自己经由时空旅行来到未来四年后……四年后的世界……在四年后的某一天……新的一天而你刚醒来……几点了？……你在哪里呢？……你听到了什么？……你闻到了什么？……你还感觉到什么了？……有任何人与你在一起吗？……有的话，是谁？……<br>现在你起床了，下一步要做些什么呢？现在你要穿衣服，你穿的是什么呢？……一旦穿上了，你要做些什么呢？你的情绪如何？你意识到什么了？现在你正要去某个地方。回头看看，你刚才离开的地方像什么？……（暂停）……你上路了，乘坐什么交通工具呢？……（暂停）……有人和你一起吗？……是谁呢？当你走时，注意周围的一切……（暂停）……你到达目的地了……（暂停）……你在何方？……这地方像什么？……（暂停）……你对这地方的感觉是什么？……（暂停）……在这里，你要做什么？……（暂停）……旁边有人吗？有的话，他跟你是什么关系？……（暂停）……你要在这里停留多久？……（暂停）……今天你还想去别的地方吗？……（暂停）……在这一天当中，你还想做的是什么？……（暂停）……现在，你回家了……到家了，有人欢迎你吗？回到家的感觉是什么呢？……（暂停）……到家了，想做的是什么？……你要与别人分享你做的事吗？……（暂停）……你要准备去睡了……回想这一天，你的感觉是什么？今天过得愉快吗？这种生活是你所向往的吗？……（暂停）……渐渐地，你进入梦乡……一分钟后，我将叫醒你，我们将渐渐地回到这里，回到这间教室……回到这个团体……当我数到五时，你可以睁开眼睛，你会看到大家……<br>（约10分钟） | 激发学生想象出对自己未来生活的愿景及期许 |

续表

| 活动名称 | 活动过程 | 活动目标 |
|---------|---------|---------|
| 教师讲解 | "理想旅程"中的情境很可能是你对自己未来生活的愿景及期许，而你未来的生活模式是基于你现在的付出及每一次的生涯抉择，就像此时你们正面临学校（专业发展、未来工作）的选择，而你的选择及决定将会影响你未来的生活，如果你选择继续求学，那你的学习内容就是以学术知识为主，不同的升学途径会有不同的进路，未来求职的类别及领域也会不同，所以透过"旅程"，你可以将自己心目中所期待的生活显现在你的脑海中，让你更清楚自己想要过什么样的生活，而不管你未来从事何种职业，如果这个职业可以让你得到快乐与成就，那么从现在开始"选你所爱，爱你所选"就变得格外重要，所以要认真地为自己的未来做准备，别让自己活在悔恨当中<br>（约10分钟） | 了解学业倦怠的成因及表现方式，正视存在的问题 |
| 学习倦怠光谱图 | 成员根据自己最近学习倦怠的程度，从教室前门到后门一字排开，一端代表0分，另一端代表10分，选择自己最接近的状态自我评估，注意强调这个过程没有对错，只是自己的主观感受评价。选择代表不同分值段的学生代表发言，说出选择这个位置的理由。<br>回到自己的小组，请成员分享在这个活动过程中有什么样的感受和发现，有没有一些对自己新的理解和感受。当听到别人的分享时，最触动你的部分是什么，请你告诉这个组员<br>（约15分钟） | 激发成员自我表露，了解他人和自己学业倦怠的程度及原因 |
| 开怀大笑 | 小组围成一圈，从第一个人开始说"今天我吃了一个A"（A为随意食物名）；接着第二个接着说，吃了一个A，两个B……（B为不同的食物名）。像这样一直传下去，每传一个人就必须重复一遍前面所有的食物名，另加一个新的食物名。一直到有人中途讲错出局。<br>注意：可选一些较难的食物名或菜名，或一些平常不容易吃到的，例如滑蛋干贝牛肉汤<br>（约10分钟） | 激发小组乐趣，让成员放松，并且逐渐在小组内体会幽默化解焦虑的重要意义 |
| 学习宝典 | 小组成员轮流分享对自己的学习有帮助的小妙招。等全部成员分享完后，每个人再谈谈听了别人的分享有什么样的感受或者想法<br>（约13分钟） | 通过成员彼此鼓励支持及分享自己解决学习困难的策略，促进学生成长 |
| 教师总结 | 简单分享学业倦怠的应对方式，并鼓励组员课下交流的方式，巩固所学，真正做到应对学业倦怠问题<br>（约2分钟） | 点明学业倦怠的应对方式 |

## 4. 方案三

| 活动名称 | 活动过程 | 活动目标 |
|---|---|---|
| 暖身活动 | 小组从任意一人开始数数，1，2，3，…那样数下去，逢7的倍数（7，14，21，…）和含有7的数字（17，27，…）必须以敲桌子代替。如果有谁逢7却数出来了，就输，有谁没逢7就敲桌子的，也输<br>（约5分钟） | 通过游戏活动调动小组参与课堂的积极性，促进小组内成员之间的联结 |
| PDCA管理方法 | 教师讲解：PDCA循环是由美国统计学家戴明博士提出来的，它反映了质量管理活动的规律。P（Plan）表示计划，D（Do）表示执行，C（Check）表示检查，A（Action）表示处理（改进）<br>（5分钟） | 知识讲授，帮助学生理解PDCA管理方法的基本概念和流程 |
| 计划（P） | 以小组讨论方式，帮助每一个同学完成以下任务，每个人写在纸上：①分析目前学习中遇到的困难或者问题；②找出具体原因；③找出影响因素；④制订一个近期学习改善计划。<br>小组成员共同讨论，为了实现这个学习改善计划要集中考虑下面六个方面的问题。<br>（1）Why，为什么要做这个事情，这是最重要的，为什么要制定这个措施？<br>（2）What，我们要做什么？我们要执行什么目标？<br>（3）Where，在哪个地方做？<br>（4）Who，谁来负责完成？<br>（5）When，什么时间完成？<br>（6）How，怎么做？<br>（10分钟） | 教师利用PDCA循环管理模式指导学生开展学业管理 |
| 执行（Do） | 学习柳比歇夫时间管理法，将计划细化到每天的工作内容中，并通过"时间成本账簿"记录自己所有活动"时间值"，尽量精确到半小时内。学习高效地利用时间，通过每天的时间统计和总结能更明确地了解自己处理某些事件所花费的时间，从而能更合理地调整自己的日执行计划<br>（约10分钟） | 教师教给学生掌握时间管理的技巧，保证学习计划的顺利执行 |
| 检查（Check） | 小组成员协商，如何利用小组进行彼此监督，定期检查学习计划完成情况，检查安排要具体到时间、方式和人。对于没有完成计划的同学，小组要如何"惩罚"（注意不要是侮辱性或者体罚性的）；对于严格执行计划的同学，小组如何奖励（注意侧重精神奖励） | 教师利用PDCA循环管理模式指导学生开展学业管理 |
| 改进（Action） | 小组成员共同商定一个时间和讨论方式，对检查结果进行总结，并分析计划中出现的问题，讨论进一步改进的方式。把成功的经验总结出来，方便以后的推广运用；将失败的教训也总结出来，制订相应的改进措施，确保不断优化<br>（约10分钟） | |

续表

| 活动名称 | 活动过程 | 活动目标 |
| --- | --- | --- |
| 教师总结 | 总结课堂内容，说明生涯规划的重要性，鼓励学生做好（约10分钟） | 通过分享促进个人成长；教师对课堂内容进行总结以及强化主题 |

# （二）生涯规划

## 1. 目标

（1）了解自己的职业愿景。

（2）探索自我优势和劣势。

（3）尝试职业规划。

## 2. 方案一

| 活动名称 | 活动过程 | 活动目标 |
| --- | --- | --- |
| 写出自己未来三年的目标 | 目标尽可能具体，并且具有时限性，也就是你想达到什么目标以及衡量其成功的标准。为自己定下一个三年后可以实现的目标（约5分钟） | 明确自己想达到的目标 |
| 写出你的优势任务 | 小组成员静默思考，并记录自己的优势，包括你有优势的领域，或一些独特的可利用的资源：<br>（1）你有什么优势，其他人没有？例如技能、资格或教育背景等。<br>（2）你比别人做得更好的方面有哪些？<br>（3）你可以利用哪些个人资源？<br>（4）其他人（你的老师、同学）认为你的优势是什么？<br>（5）你最骄傲的成就是什么？<br>（6）你自己没有展现的独特价值有哪些？<br>（7）你与有影响力的人的关系？<br>（5分钟） | 明确自己可能获得成功的优势所在 |

续表

| 活动名称 | 活动过程 | 活动目标 |
|---|---|---|
| 写出你的劣势 | 小组成员静默思考，并记录自己的劣势。审视自己的劣势，以下为供参考考虑的视角。<br>（1）你通常避免执行哪些任务，因为你对这些任务没有把握？<br>（2）你身边的人认为你的弱点是什么？<br>（3）你对教育背景、专业技能、通过培训进行提升有信心吗？<br>（4）你最弱的方面是什么？<br>（5）你不好的学习习惯有什么？例如，是否杂乱无章，分不清优先级，压力一大就脾气暴躁等。<br>（6）在一些关键方面，别人的表现一直比你好吗？<br>（约5分钟） | 找出目前阻碍自己前进的内部因素 |
| 写出你的机会 | 小组成员静默思考，并记录自己的机会。<br>提示：机会通常是外部因素，与周围环境、周围人有关，而非你自己。<br>（1）有什么新技术或者他人可以给你帮助吗？<br>（2）你的行业在成长吗？如果是这样，你能怎样利用目前的市场？<br>（3）你有一个关系网络来帮助你，为你提供很好的建议吗？<br>（4）你所在的组织是什么样的发展趋势（管理或技术），你怎么能利用这种趋势？<br>（5）你的竞争对手有哪些重要的方面没关注或欠缺？如果是这样，他们的错误能成为你的机会吗？<br>（6）一个新的角色或项目？<br>（约5分钟） | 找出自己身边可以获得的资源 |
| 写出你的威胁（挑战） | 小组成员静默思考，并记录自己目前遇到的威胁（挑战）。<br>提示：具体来说就是令你担心或可能发生，会成为你实现目标的阻碍的事。<br>（1）你目前在学习中面临什么障碍？<br>（2）你的同学是否与你竞争参与某件事情？<br>（3）你的工作（或者你所做的事情）的需求在变化吗？<br>（4）更新的技术、结构是否威胁到你的位置？<br>（5）你的弱点是否会导致威胁？<br>（约5分钟） | 找出可能阻碍自己进步的外部因素 |
| 小组分享和教师总结 | 针对以上主题在小组内开展分享。<br>教师总结：总结课堂内容，说明生涯规划的重要性，鼓励学生做好<br>（约20分钟） | 通过分享促进个人成长；教师对课堂内容进行总结以及强化主题 |

## 3. 方案二

| 活动名称 | 活动过程 | 活动目标 |
|---|---|---|
| 我的五样 | 我们的五根手指长短不一，按长度来排序的话，依次是中指、无名指、食指、小指和拇指。如果这五根手指的长短分别代表亲情、友情、爱情、家庭和事业在你人生中的地位和分量，你会怎么排列呢？哪个是中指，排在第一位呢？请写在纸上，告诉小组成员你的选择（约5分钟） | 通过热身游戏引发学生对自己人生价值观的反思 |
| 周哈里窗 | 成员在A、B格中写下自我特征，A、B格折起来不要给别人看到，访问其他所有成员对自己的看法（至少3人）然后填满表格C、D（10分钟） | 通过自我梳理，明确自己的优点和缺点所在 |
| 分享职业愿景 | 结合前面两部分的自我分析，在小组里谈谈自己的职业愿景，重点讨论目前阻碍自己的内部因素有哪些（约15分钟） | 找出目前阻碍自己前进的内部因素 |
| 教师指导 | 职业犹如一个人生命的台阶，人们需要在不同的时候，站在不同的高度和位置去审视自己，进行选择；精心的职业生涯规划就是为了实现适宜的选择。有效的职业生涯设计必须是在充分且正确认识自身条件与相关环境的基础上进行的。做好职业生涯规划，首先要学会自我分析，然后要进行内外部环境分析，随后确定自己的目标，接着则要根据综合测评和实际情况，确定切实可行的实施策略，最后还要进行反馈和修正。因为整个职业生涯规划是要在实施中去检验，看效果如何，及时诊断生涯规划各个环节出现的问题，找出相应对策，对规划进行调整与完善，才能达到职业生涯规划的目标（约15分钟） | 教师专业指导 |

### 附表：周哈里窗

|  | 你的优点 | 你的缺点 |
|---|---|---|
| 自己认为 | A | B |
| 别人认为 | C | D |

## 4. 方案三

| 活动名称 | 活动过程 | 活动目标 |
|---|---|---|
| 问题导入 | 五个"What"归零思考生涯法<br>教师向学生提出五个问题：①我是谁？②我想做什么？③我能做什么？④环境支持或允许我做什么？⑤我的最终职业目标是什么？<br>回答了这五个问题，找到它们的最高共同点，学生就有了自己的职业生涯规划（约5分钟） | 提出本节课学习的主要内容，让学生带着问题去学习，提高学习动机 |

续表

| 活动名称 | 活动过程 | 活动目标 |
| --- | --- | --- |
| 面试演练场 | 让学生两人一组，在小组内轮流担任面试官和求职者，面试官自行思考决定面试考题，每个人三分钟的面试模拟 | 通过实地演练的方法，鼓励学生思考在一般面试中都要准备什么，需要自身拥有什么素质，进一步提高学生的学习动机，引出职业生涯规划的概念和方法 |
| 小组内分享 | （1）让担任面试官和求职者的学生分享自己的感受。<br>求职者：面试的感受；面试官：对求职者最满意的两个方面和一项改进意见（为了保证不批评打击学生的自尊心，不说负向的评价）。<br>（2）让全体学生小组内自愿分享自己思考出来的面试考题，最后以组为单位分享<br>（20分钟） | |
| 职业生涯画布 | 教师提出职业生涯规划的概念，阐述职业生涯规划的意义，介绍职业生涯画布的方法。根据附表中的画布，让每个同学在一张A4纸上进行自我梳理（注意有些内容学生不知道应该填写什么，可以先空着，留在课后完成）。5分钟后进行组内讨论，相互了解，并思考自己填写的内容是否合理（约20分钟） | 找出自身职业生涯的资源，启发职业规划 |
| 教师指导 | 以积极的心态认识自己、面对自己、提升自己，制订自己的职业生涯规划、目标（约5分钟） | 鼓励、启发学生 |

## 附表：职业生涯画布

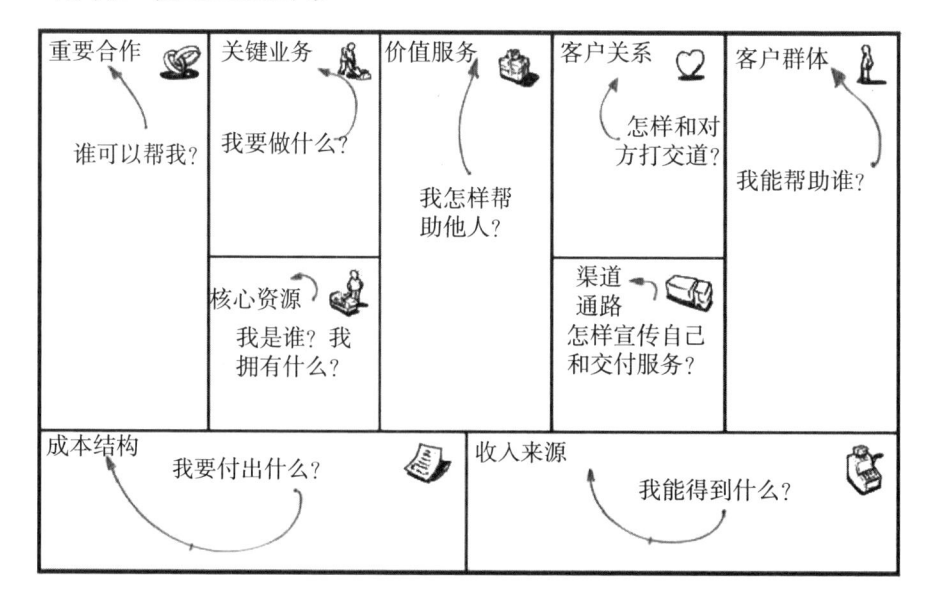

| 重要合作 | 关键业务 | 价值服务 | 客户关系 | 客户群体 |
| --- | --- | --- | --- | --- |
| 谁可以帮我？ | 我要做什么？ | 我怎样帮助他人？ | 怎样和对方打交道？ | 我能帮助谁？ |
| | 核心资源<br>我是谁？我拥有什么？ | | 渠道通路<br>怎样宣传自己和交付服务？ | |
| 成本结构<br>我要付出什么？ || 收入来源<br>我能得到什么？ |||

## (三)打败拖延

### 1. 目标

(1)了解拖延,认识拖延带来的后果。

(2)学会克服拖延。

### 2. 方案一

| 活动名称 | 活动过程 | 活动目标 |
| --- | --- | --- |
| 播放视频 | 通过两个和拖延有关的简短的视频让同学们了解拖延,并且通过视频来吸引学生们的注意力,从而引入"拖延"这一主题<br>(约5分钟) | 活跃课堂气氛,吸引学生注意,带入主题 |
| 分享 | 教师说明了拖延的定义后,请各小组内部讨论分享自己的"拖延故事",话题集中在:①生活中什么情况下自己会有拖延;②拖延给自己带来了什么样的感受和影响<br>(约10分钟) | 正式认识拖延,了解拖延 |
| 小小实验 | 教师演示以下场景。<br>(1)装满一杯水,放大石头、小石头、沙子,水溢出来;<br>(2)装满一杯沙子,放大石头、小石头,没有空间装的情景;<br>(3)装满一杯小石头,放大石头,没有空间装的情景;<br>(4)按照先放满一杯大石头,分别放入小石头、沙子、水的情景;<br>(5)请组内分享游戏带给我们的启示<br>(约15分钟) | 说明拖延的机制,拖延的种种表现以及拖延带来的后果 |
| 小组分享 | 杯子代表空间,石头的大小代表事情、资源等的重要程度,顺序代表处理事情、处理资源的先后。当我们用大石头把杯子装满后,摇一摇,还可以放一些小石头进去,接着放沙子进去,摇一摇,看似装满了,最后还可以装进去水。在这个过程里,我们发现只要处理的方法正确,总会发现意想不到的空间。<br>小组讨论:你的生命资源分配(重要资源与非重要资源的应用)。运用这项资源的成本是什么;运用这项资源的机会成本是什么;如此应用这资源而获得的资源是否大于成本;我是否已发掘或考虑所有可能的资源来达到目标;是否能利用不同的资源或相同的资源来达到相同甚至更好的结果;在考虑成本的时候,是否平衡了短期和长期的利益<br>(约20分钟) | 说明克服拖延的方法 |
| 教师总结 | 总结课堂内容,并且说明合理规划的重要性,做支配时间的人,而不是被时间追赶的人<br>(约10分钟) | 对课堂内容进行总结以及升华,强调生活规划的重要性 |

### 3. 方案二

| 活动名称 | 活动过程 | 活动目标 |
|---|---|---|
| 撕纸活动 | 假如你的一生在 0~100 岁，请准备一张 A4 纸平均分为 10 份，每一份代表 10 年。<br>（1）请问你现在几岁？失去的时间不会回来，拿走相应的部分；<br>（2）你想活到多少岁？（不想活到 100 岁就把多余的部分撕掉）；<br>（3）你打算什么时候停止工作？把相应的部分撕掉；<br>（4）每天睡觉的时间约为 8 小时，撕掉剩余部分的 1/3；每天你用在吃饭、上厕所、娱乐或无所事事的时间，请自己计算后，撕掉。现在剩下的部分是大家可以用来学习和工作的时间<br>（5 分钟） | 引出今日课堂的主题：时间。通过此活动引导同学们直观感受到时间的流逝，更珍惜时间 |
| 分享 | 请同学们自愿举手，分享对于自己纸条上剩余时间的感受。每个人都有自己的习惯和生活方式，请同学们不评价、不议论、不比较<br>（5 分钟） | 学生谈出两方面对时间的感受，教师引导学生要通过加强时间管理，珍惜时间，然后过渡到下一环节 |
| 我的 24 小时 | （"实际的分配"和我"理想中的分配"）<br>准备两张 A4 纸，分别画一个圆代表你的一天 24 小时，包括睡觉、上课、学习、日常事务、吃饭、娱乐等。一张纸画刚刚过去的昨天，你的 24 小时是如何度过的；另一张纸画如果可以，你希望自己的一天要如何分配。<br>对于两张纸上的时间分配有什么不同，有哪些时间远超过了你计划的部分？这些是否可以舍弃或缩短？我们花在无意义事情上的时间是否比你想象的要多？<br>（10 分钟） | 寻找浪费时间的原因，理想 24 小时的分配让学生有做时间主人的掌握感，返回到实际的 24 小时，可以让学生感受到哪里的时间需要调整、再分配 |
| 小组讨论——时间管理的好方法 | 就近 4~6 个人小组讨论，每人分享一下自己平时觉得有用的时间管理方法，怎么做、有什么效果。如果没有好的方法，就聆听其他同学的分享，认真学习。<br>综合小组内好的方法，找一名代表自愿举手在班级分享<br>（15 分钟） | 通过交流、讨论，寻找管理时间的好方法 |
| 教师总结 | （1）若学生讨论环节没有提到，介绍番茄工作法；<br>（2）介绍时间管理四象限法则；<br>（3）制作时间管理表；<br>（4）有一个好的时间管理方法，对我们的生活会有怎样的好处<br>（15 分钟） | 对一节课的内容进行总结，突出时间管理的必要性、重要性 |

## 4. 方案三

| 活动名称 | 活动过程 | 活动目标 |
|---|---|---|
| 观察时钟 | 请安静观察老师手中转动的时钟15秒，谈一谈你看见了什么，或者心里有什么感受、想法？<br>教师引导：当有学生提到时间的时候，引导有类似看法的学生的回答。<br>（5分钟） | 激发学生对时间话题的兴趣、引发有关时间的思考 |
| 生活事件梳理 | 请学生根据时间在纸上写出今天剩下时间里准备要做以及必须完成的事情。依次询问学生：<br>（1）你会先选择做哪件/哪些事情，原因是什么？<br>（2）如何处理其他的事情，使用什么办法可以安排好？ | |
| 时间"四象限"管理法 | 教师介绍四象限时间管理方法，引导学生把刚才提炼的事件归类到重要紧急、重要不紧急、紧急不重要、不重要不紧急四个象限，对事件进行时间安排（板书设计：在黑板上画出时间四象限图，并补充说明）<br><br>紧急↑<br>不重要 ｜ 不重要但紧急的事 ｜ 重要且紧急的事 ｜ 重要→<br>　　　｜ 不重要也不紧急的事 ｜ 重要但不紧急的事 ｜<br>↓不紧急<br><br>（20分钟） | 进一步引导学生了解和进行时间管理，学会四象限掌握法 |
| 教师引导讨论 | 我们每天都会把要做的事情做时间上的安排。在四个象限当中，"重要但不紧急"这一象限的工作是最重要的也是最体现我们的时间管理质量的，这是时间管理中的第一原则。<br>请小组内同学们讨论一下，在你目前的学习生涯中，哪些事情可以划入这个象限，你平时又投入了多少时间在这个象限里面？<br>对于"不重要又不紧急"这个象限里面的事情，有些人说是浪费生命，所以根本不值得花半点时间在这个象限；有的人说是我们工作和生活中的润滑剂，是调节工作强度和生活压力的调和品。你们又如何看待这部分呢？如果让你现在做一个时间上的调整，你觉得应该如何调整，请在小组内讨论一下<br>（15分钟） | 寻找浪费时间的原因，让学生反思如何更好地安排生活，并相互学习 |

续表

| 活动名称 | 活动过程 | 活动目标 |
|---|---|---|
| 分享和总结 | 每人分享一下自己平时觉得有用的时间管理方法，怎么做、有什么效果。如果没有好的方法，就聆听其他同学的分享，认真学习。<br>教师对本节课内容进行总结，突出时间管理的必要性、重要性<br>（10分钟） | 通过交流、讨论，寻找管理时间的好方法 |

# 专题七
# 认识心理疾病

## 一、学生的心理异常

心理异常是相对于心理健康而言的。当个体的心理活动和行为不能适应客观环境而使他人难以理解，各种心理活动和行为之间不能保持协调、统一而失去良好的社会功能，在长期生活经历过程中形成的独特的人格不能保持相对的稳定性而使他人难以捉摸时，则被视为心理异常。

学生属于基本健康的群体，其心理异常大多为一般心理问题。学生的主导活动是学习，多数学生能承担繁重的学习任务，顺利地完成学业；但也有相当数量的大学生经受着各种学习困扰，以致严重影响了正常的学习生活。繁重的学习、激烈的竞争等压力，使学生的情绪常常处于紧张状态，而青春期学生的情绪正处于"疾风怒涛"的时期，因此，容易受到抑郁、焦虑等情绪的困扰。

另外，人际交往直接影响着大学生的学习、生活质量，甚至身心健康。目前，学生中普遍存在不同程度的人际交往不适，常见的有冷漠、嫉妒、敌对、单相思心理等。

## 二、预防网络和手机依赖

网瘾是指上网者由于长时间和习惯性地沉浸在网络中，对互联网产生强烈的依赖，以至于达到了痴迷的程度而难以自我解脱的行为状态和心理状态。由于花费过多时间上网，损害了现实的人际关系和学业事业。而网瘾中很大一部分是网络游戏上瘾。由于网络游戏对人们有着巨大的吸引力，因此造成大量玩家，特别是青少年玩家网络游戏上瘾，最终对自己造成极大的伤害。随时手机上网、玩游戏、聊天、刷微博——由于手机使用方便，"手机上瘾"与传统的网瘾相比，更具有广泛性和隐蔽性，危害更大。

（1）沉迷网络、游戏、手机会浪费很多时间，让人更加空虚。这种空虚是现实和理想之间的反差造成的，如果我们不能关注自己现实中的目标，这种反差就会永远存在。也就是说，当你羡慕别人（邻居、朋友、同事、亲属）成功的时候，你也许没有意识到只要你努力，你也可以，只是你把时间投入了虚拟社交、网络游戏，而别人把时间投入了现实中工作和学习的努力方面。

（2）网络和游戏会浪费金钱。网费、充值积点等，可能一天两天不会在意，但长年累月下来却是一笔巨大的财富。特别是当你快要升级的时候，每个玩家都有一种思想，就是快点冲上去，多穿一些装备、多带一点儿药，在这种思想的驱动下，会不断投入金钱。

（3）网络、游戏和手机依赖会伤害你的身心健康，导致社会关系破坏。2011年，梅西亚依据大量青少年调查样本，分析了过度玩游戏和自杀之间的关系。分析表明，一天玩5个小时或者更长时间的青少年更可能抑郁，产生自杀念头的风险更大。金等人于2008年的研究发现，人们受游戏影响，会产生越来越多的问题行为，与同事和家人的关系水平越低，社交考虑水平越高。有医学专家认为，竞技游戏中，玩家心脏的负荷会达到正常负荷的20倍，心脏猝死率增加了40%。此外，网络和游戏还可能带来人格异化，网络游戏大多以攻击、战斗、竞争为主题，长期玩飙车、砍杀、爆破、枪战等游戏，火爆刺激的内容容易使游戏者模糊道德认知，淡化游戏虚拟与现实生活的差异。根据2010年安德森等人的初步分析，暴力电子游戏的画面显然是暴力行为增加的因素之一。依据马基的观点，这种影响主要发生在原本就有暴力倾向的人身上。那些神经质水平高的人，特别是有很强敌意的人，比其他人更容易受到暴力游戏的影响。

从类型上来分析，上网成瘾的人主要有以下四种。

（1）信息型网瘾。其主要的行为特征在于行为者出于获取信息的需要，而沉陷在互联网络的信息海洋之中，对海量的信息形成难以摆脱的依赖。

（2）交往型网瘾。其主要的行为特征在于行为者出于社会交往的需要，而沉浸在虚拟的网络世界中，与天南海北的网友进行信息的交流和情感的沟通，在电子空间里长时间地进行真实的"虚拟互动"，并由此而陷入沉溺状态。

（3）游戏型网瘾。其主要的行为特征在于行为者出于游戏娱乐的需要，被网络游戏深深地吸引，在过度痴迷于网络游戏的情况下，对其他事情，哪怕是自己的工作和学习，也都不管不问，只顾上网玩游戏。

（4）习惯型网瘾。其主要的行为特征在于行为者出于日常工作、创新创造、排遣寂寞、寻求体验等多方面的需要，而在不知不觉中自然形成的一种网络沉溺现象。

如何判断自己是否已经有了网络、游戏、手机依赖呢？可做一个小测试。

（1）是否觉得只有不断增加上网、玩手机的时间才能感到满足，而使得上网、玩手机的时间经常比预定时间长？

（2）是否无法控制自己上网或者玩手机的冲动？

（3）当网络线路被掐断或因故不能上网，手机不在身边无法使用时，是否会感到烦躁不安或情绪低落？

（4）是否将上网或者玩手机作为解脱痛苦的唯一办法？

（5）是否对家人或亲友隐瞒迷恋上网或者玩手机的程度？

（6）是否因为迷恋上网、玩手机而面临失学、失业或失去朋友的危险？

（7）是否在支付高额上网费、游戏费用时有所后悔，但第二天却仍然忍不住还要上网、打游戏？

如果有上述四项或以上症状，并持续一年以上，就表明已经有成瘾性依赖出现。

如果发现自己对网络、手机或者游戏有些上瘾，我们应该怎么办呢？

（1）自我提醒。提醒的方式很多，比如我们在手机里录音，用一段简短的话告诉自己要克制。还可以在你的电脑旁边贴上纸条，鼓励自己不要玩游戏、上网等。这些或许并不会收到实质性的效果，但是会对你有些积极的影响。提醒自己的意义在于，让一个有决心时候的自己去帮助一个动摇时的自己。

（2）你对网络、手机或游戏有依赖感，最好的办法是先不要接触它们。不去上网、删除游戏，把手机放在自己不能随时拿到的地方。玩游戏、玩手机是一件让人放松的事，但如果游戏让你感觉到有疲惫感、不能摆脱，这就说明它对你弊大于利。

（3）学会忍耐。一般来说，成瘾之后脑子里会有一种比较强烈的感觉，如果你几天不接触它、不满足脑子里的感觉，就会觉得脑子空虚，或者有不适的感觉。这个时候如果你忍不住要重新下载这个游戏，或者忍不住去翻阅手机。可以轻轻按摩太阳穴，然后深呼吸，并且借助自己做的提醒让自己冷静下来。

（4）寻找替代。不上网，不玩游戏、手机，你会觉得无事可做，这个时候找事情来填补时间是最有效的方法。最好的代替方式是运动，而且最好是能出汗的运动，比如篮球等。因为运动的时候身体消耗能量增多，这时脑部的感觉会减弱，脑部会得到放松。不玩游戏带来的不适感也会降低。当然，运动累了之后你也就不会想着去玩游戏了

（5）要努力坚持。只有你坚持，对网络、游戏、手机的依赖感彻底消除了，才算告一段落。今后要理性对待网络、游戏、手机，只是放松娱乐而已，切勿沉溺其中。

## 三、团体设计

### （一）团体理论

心理问题一般是指人意识到自己的心理出现了某些异常，受其困扰，但还没有达到疾病的程度；而心理障碍则是一种不被某种特定文化所期待或非典型的行为反应，产出表现为内部的心理功能紊乱，并伴随着痛苦或者功能性损伤出现。例如当一个人因为害怕与其他人交流而不敢上学、不愿意上班，已经影响到正常的生活，就是一种社会功能受损。大多数临床专家会把正常和异常当作一个心理的连续体，而不是非此即彼的对立。心理问题往往可以通过专业的心理辅导和咨询进行康复，而心理障碍则需要专业机构的诊断和治疗。判断正常与异常的心理活动一般有三个原则：①主观世界与客观世界的统一性原则；②精神活动的内在协调一致性原则；③人格的相对稳定性原则。

心理问题往往涉及认知、情感和行为各个方面。按照认知心理学的研究，认知活动的整个流程是由紧密衔接的若干阶段组成的。首先是刺激物经感觉器官成为感觉材料，再经过以往经验和人格结构的折射，赋予感觉材料具体意义，从而构成一个知觉过程。通过这一知觉过程，个体可以对过去事件做出评价，对当前事件加以解释或对未来事件做出预

期；这些评价、解释、预测进一步激活了情绪和运动系统，产生各种情绪和行为动机。这种被激活的情绪行为系统，不是纯粹、孤立的情绪行为，而是由认知因素决定的一种特定情绪，目的、动机和行为也是由认知过程来把握的。从刺激物出现到出现行为反应的整个过程中，认知活动一直存在，由此可见，从理论上说，改变、调整认知有可能矫正心理问题，从而改善心理异常的状况。

自我训练是一种能够使个人自我激励、自我训练的疗法，同时，它把所有的问题（焦虑、恐慌以及抑郁等）简化为两个问题：不安全感和控制。这就是自我训练疗法与传统心理疗法的不同之处。不安全感会促使你控制自己不去焦急、紧张，努力做个完美主义者等，而越想控制，就越发现自己根本无法控制，从而使得情况变得更糟。但是如果你懂得了如何去应对不安全感，一切就变得简单了，你就知道如何去消灭折磨你内心的痛苦。自我训练的关键是去了解到底是什么导致了你条件反射式的不安全感（担心、怀疑、恐惧以及自我否定等），然后你才能知道如何去消灭这些症状。自我训练不仅用一种全新的观点来解释心理问题，而且提供了一种行之有效的技巧，使你能摆脱这种强制性的不安全感和痛苦的挣扎，重获健康。

## （二）团体目标

（1）让同学了解什么是心理正常，什么是心理异常，区分心理异常和心理不健康。

（2）学会简单识别心理异常的方法。

（3）了解一些应对自己和他人心理异常时的方法。

## （三）注意事项

（1）每次团体选择一个小组长组织活动，做好预备工作。

（2）告诉学生，在活动过程中可以按照自己的想法分享自己愿意分享的部分，而不是必须要什么都说出来。

（3）强调小组内成员不要评价、批评和分析其他学生，对别人讲的故事要保密。

（4）每次活动结束后，指导教师要进行简要总结。

# 四、团体辅导实施

## （一）心理疾病与健康维护

### 1. 目标

（1）引导学生学习识别心理异常。

（2）引导学生从积极心理学视角看待心理问题。

### 2. 方案一

| 活动名称 | 活动过程 | 活动目标 |
|---|---|---|
| 乌龟和乌鸦的故事 | 每个小组围成一圈，人与人之间保持一定距离。左手伸出食指，右手张开手掌，将你左手的食指立在左边同学的手掌下面，右手的手掌放在右边同学的食指上。听教师讲一段《乌龟和乌鸦的故事》，当听到"乌"的读音时，你的左手手指要迅速逃离左边同学的捕捉，同时右手要捕捉右边同学的手指。<br>故事：森林里有一间小小的城堡，里面住着可怕的巫婆和他的仆人乌鸦，突然有一天，天上慢慢飘来一片片乌云，转眼间就乌黑乌黑的，什么也看不见，不一会儿就下起了大雨。在狂风暴雨中，巫婆听到有人在敲门，开门一看，原来是一只乌龟，还有一只乌贼。它们要求巫婆让它们进屋。巫婆同意了，可是乌鸦不同意，它和乌龟是多年的宿敌。雨越下越大，大家也越吵越凶，乌贼指着乌云对巫婆说："雨这么大，乌鸦却不让我们进去，我和乌龟都会生病的，再不开门，我一定会让你的城堡变得乌烟瘴气。"最后，巫婆还是没有给它们开门。没多久，雨停了，太阳出来了，乌云也散了，巫婆和乌鸦这才打开门，看见乌龟已经冻得缩成一团<br>（约5分钟） | 活跃课堂气氛，吸引学生注意，让学生放松并且愿意在小组里讨论今天的主题 |

续表

| 活动名称 | 活动过程 | 活动目标 |
|---|---|---|
| 小组讨论 | 观点一：有心理问题的人都是怪人。<br>观点二：心理问题就是精神病。<br>观点三：有心理问题的人可能会伤害别人。<br>观点四：心理疾病是治不好的。<br>围绕以上四个观点，在小组里展开讨论，形成自己的结论。并选择一个发言人，在班上作为代表发言<br>（约15分钟） | 启发学生认识心理问题和心理咨询 |
| 播放视频《我有一只叫抑郁症的黑狗》 | 马修·约翰斯通（Matthew Johnstone），澳大利亚插画家、设计师，曾先后在悉尼、旧金山及纽约从事广告工作15年，数次获得行业大奖。自二十出头起，马修便身患抑郁症，看黑狗在生命中时来时往。面对被黑狗充斥的生活，他曾奋起反抗无力地躺倒在地，努力自救却还是被黑狗制服而无法动弹。黑狗一度令他彻底屈服，几乎失去生存下去的勇气和决心。然而凭着一丝抗争的意志，他决定寻求专业的帮助和指导，正视黑狗，不再独自抵抗，并逐渐治愈。<br>在多年对抗抑郁症的过程中，马修学会了许多驯服黑狗的方法。他由此出发，与太太安斯利共同创作《我有一只叫抑郁症的黑狗》，启发和帮助了无数抑郁症患者及其家庭。<br>动画版为世界卫生组织官方视频<br>（10分钟） | 通过视频讲解，帮助学生了解抑郁症带来的种种问题和解决办法 |
| 教师讲解 | （1）如何区分心理问题和心理疾病；<br>（2）心理咨询和心理治疗的区别；<br>（3）抑郁症并非脆弱、糟糕的代名词，世界上大约12%的人在一生中的某个时期都曾经历过相当严重、需要治疗的抑郁症；得了抑郁症并不是错，它只是身体生了一场病，一场可被治愈的病<br>（15分钟） | 结合学生之前讨论的观点，进一步帮学生厘清一些心理疾病的常识性概念 |
| 介绍学校心理咨询相关规定和设置 | 教师介绍：<br>（1）学校心理咨询室的位置；<br>（2）预约方式；<br>（3）保密等重要的咨询设置；<br>（4）危机干预电话<br>（5分钟） | 通过明确的信息提供，帮助学生打破成见，并熟悉学习心理咨询工作设置 |

## 3. 方案二

| 活动名称 | 活动过程 | 活动目标 |
| --- | --- | --- |
| 生命之树 | 放背景音乐，请学生闭目放松，想象自己变成一颗种子，随着时间推移，慢慢生根发芽，冲出泥土，逐渐长大。请每个同学在纸上画出自己这棵生命之树。<br>教师继续引导：一颗发育良好的种子在适宜的阳光、土壤、水分、肥料、空气等条件均衡作用下，就可以变成参天大树。那么我们这棵生命之树如果需要健康成长，需要哪些条件呢？请把你需要的条件都写在纸张的空白之处<br>（约5分钟） | 说明绘画投射，引导学生思考生命健康需要的条件 |
| 小组分享 | 在自己小组里分享自己的画作，并且讲解一下这棵树如果要健康成长，都需要什么条件。请注意，小组内不分析、不评价、不批评<br>（10分钟） | 通过分享引发共鸣，同时也启发学生继续思考 |
| 自我曼陀罗 | 萨提亚认为全世界的人都有八种共同的需求，分别是生理的、智性的、情绪的、感官的、互动的、营养的、情境的和灵性的。每个人都是透过这八个方面的交互作用而来，八个方面同等重要，彼此依赖与合作，由此取得平衡与和谐。<br>生理的需求：是指我们需要倾听身体所发出的所有信息；智性的需求：是指我们需要运动大脑进行思考，组织与运用逻辑，吸收信息，并赋予这些信息意义；情绪的需求：是指我们需要感受情绪，表达情感；感官的需求：是指我们需要给更多自由去看、听、触、嗅。互动的需求：是指我们需要自我与自我交流，与他人交流；营养的需求：是指我们需要摄入对身体有益的液体和固体物质；情境的需求：是指我们需要体验颜色、声音、光线、空气、温度、物体、运动、空间和时间等当下的元素；灵性的需求：是指我们需要去领悟自己生命的意义，以及与自然、宇宙的连接，换句话说就是提升精神境界<br>（约15分钟） | 教师讲解自我曼陀罗的理论，引发学生思考 |
| 绘制我的健康曼陀罗 | 请学生在纸上画出自我曼陀罗，接着请用彩色笔把你得分的部分涂上你认为恰当的颜色，注意颜色不要超出自己得分的线段<br><br>（10分钟） | 通过分享引发共鸣，同时也启发学生继续思考 |

| 活动名称 | 活动过程 | 活动目标 |
| --- | --- | --- |
| 小组分享和讨论 | （1）你的哪一方面被满足得最好？得分是多少？你的感受是什么？<br>（2）你的哪一方面是被忽略的？得分是多少？你的感受是什么？<br>（3）还有哪些方面是你印象比较深刻的？得分是多少？你的感受是什么？<br>（10分钟） | 通过小组分享和讨论，进一步促进学生对自己心理健康问题的反思 |
| 教师总结 | 结合小组讨论中出现的疑问，教师进行解答和总结<br>（5分钟） | 进一步提炼问题，回应学生的困惑 |

## 4. 方案三

| 活动名称 | 活动过程 | 活动目标 |
| --- | --- | --- |
| 生活困扰侦察兵 | 放背景音乐，请学生闭目放松，回想一下最近经常困扰你的行为或者感觉，你是否经常为之挣扎，是否因此焦虑或者抑郁，或是二者兼有？当你有些想法之后，请完成下文表格的填写。<br>填写完表格后，回头看看你的烦恼，是否是长期紧张、失败挫折等刺激造成的？是否伴随着一些消极的思维模式？<br>（约10分钟） | 通过自我审查和评估，探索焦虑、抑郁情绪的来源 |
| 教师讲解 | （1）当你焦虑、抑郁时，要注意自己"孩子气"的行为举止，这往往是因为缺乏安全感带来的。缺乏安全感是一种习惯，任何一种习惯都是可以摆脱的；<br>（2）焦虑和抑郁是自己的选择，要学会把自己和自己的负面状态区分开来，做负面情绪的旁观者，例如，告诉自己："我并不是沮丧，沮丧只是我的某种感觉。"焦虑和抑郁是试图控制生活的错误尝试；<br>（3）要学会"自我训练"，用更成熟和负责的思维方式来取代条件反射式的思维模式。控制不过是幻象，并非解决问题的办法。健康的思维是选择的结果。如果你意识到自己可以选择的话，你就可以坚持下去。你会告诉自己："这是我缺乏安全感时的声音，我不要听从这个声音。我决定不受这些想法的牵制。""自我交谈"的方法会非常清楚地教给你如何培养必要的能力来进行健康思维<br>（15分钟） | 帮助学生理解生活中过度焦虑、抑郁的心理根源，尝试用自我交谈技术改变 |

续表

| 活动名称 | 活动过程 | 活动目标 |
|---|---|---|
| 你身上有哪些"孩子气"？ | 请同学们在小组里自我描述一下，自己身上有哪些下面列出的"孩子气"的特质？这种"孩子气"是如何影响你的思维的？<br>（1）惊慌失措的孩子（坚定的悲观者）；<br>（2）害怕的孩子（总是担心、害怕……）；<br>（3）喜欢操控的孩子（受难者和变色龙、政治家和外交官）；<br>（4）喜欢欺负他人的孩子（喜欢挑衅、胁迫、麻木不仁）；<br>（5）歇斯底里的孩子（情绪化、自寻烦恼、控制型人）；<br>（6）完全被生活击倒的孩子（活够了、没法活下去）；<br>（7）闷闷不乐的孩子（我就是不幸）；<br>（8）冲动的孩子（非黑即白思维；缺乏耐心；随时要控制）；<br>（9）顽固的孩子（要么照我说的做，要么不做）；<br>（10）无助的孩子（过度依赖；黏人；希望他人援助）；<br>（11）无望的孩子（害怕麻烦，什么对我都没用；悲观；受难者）<br>（约15分钟） | 通过讲解"孩子气"的思维模式，尝试帮助学生发现自己"孩子气"的反应 |
| 交替呼吸法训练 | 交替呼吸法，是用两个鼻孔交替进行呼吸，从而净化气流通道，使气流和谐。此外鼻孔交替呼吸法还能使所有器官的机能提高，使大脑左右两半球更加协调。这个办法可以帮助人摆脱恐慌、焦虑和抑郁的折磨，打破条件反射式的思维模式。<br>（1）挺直上身坐下，左手大拇指和食指并拢置于膝盖上；<br>（2）右手的食指和中指弯曲，用右手大拇指将右鼻孔堵住，慢慢地用左鼻孔吸气3秒。然后用拇指和食指同时捏住两边的鼻孔，屏住呼吸3秒，然后松开按住右鼻孔的大拇指，将气用6秒呼出；<br>（3）换方向重复刚才的动作：用右鼻孔吸气3秒，屏住呼吸3秒，然后将气从左鼻孔用6秒呼出。<br>一直重复该套动作，直到自己完全从凭空出现的、条件反射式的想法中放松下来。注意：呼吸过程要平缓，不要猛吸或者停顿（10分钟） | 通过瑜伽中的呼吸训练方式，帮助学生摆脱情绪困扰，打破条件反射式思维 |

## 附表

| 令人烦恼的想法或举动 | 抑郁 | 焦虑 | 二者兼有 |
|---|---|---|---|
| 例如：我觉得自己整体都闷闷不乐，为什么他们要那样对我？ | √ | | |
| 例如：最近总是睡不好，他也许真的不爱我了，我真的很失败 | | √ | |
| 例如：这些人真难以忍受，他们怎么可以这样对我，怎么可以对我这样说话 | | | √ |

## （二）手机、网络、游戏依赖

### 1. 目标

（1）引导学生认识手机、网络、游戏依赖的危害。

（2）帮助学生探索摆脱手机、网络依赖的方法。

### 2. 方案一

| 活动名称 | 活动过程 | 活动目标 |
|---|---|---|
| 心理测试：你有网络依赖吗？ | 记录你的得分，请根据你的实际情况如实记录。<br>分值：几乎没有，记1分；偶尔，记2分；有时，记3分；经常，记4分；总是，记5分。<br>找张纸，写下你每一题的得分。准备好了吗？开始。<br>（1）我实际上网的时间比我预期的要长；<br>（2）我会因为上网忽略自己要做的事情；<br>（3）我更愿意上网而不是和亲密的朋友待在一起；<br>（4）我经常在网上结交新朋友；<br>（5）生活中，朋友、家人会抱怨我上网时间太长；<br>（6）我因为上网影响学习；<br>（7）我会不顾身边需要解决的一些问题而一直上网；<br>（8）我因为上网影响到了日常生活；<br>（9）我总担心网上的隐私被人知道；<br>（10）我会因为心情不好去上网；<br>（11）我在一次上网后会渴望下一次上网；<br>（12）如果无法上网，我会觉得生活空虚无聊；<br>（13）我会因为别人打搅我上网而发脾气；<br>（14）我会上网到深夜不去睡觉；<br>（15）我在离开网络后会想着网上的事情；<br>（16）我在上网时会对自己说："就再玩一会吧！"<br>（17）我会想方法减少上网时间，但最终总是失败；<br>（18）我会对人隐瞒我上网到底花了多长时间；<br>（19）我宁愿上网也不愿意和朋友们出去玩；<br>（20）我会因为不能上网变得烦躁不安，喜怒无常，而一旦能上网就不会这样。<br>将所有题目的得分相加，对照你的得分，参考以下标准。如果超过70，你就得注意适当调节了。<br>　　40~60分，轻度；<br>　　60~80分，中度；<br>　　80~100分，重度<br>（约5分钟） | 通过测试，帮助学生评估自己网络依赖的程度 |

续表

| 活动名称 | 活动过程 | 活动目标 |
|---|---|---|
| 我的"网络" | 让学生在白纸上写上网络对自己而言最重要的五个价值，提醒他们是什么不重要，重要的是在心中的分量，而且只能选五样。<br>成员写毕后，要求学生在纸上把其中一样划去，划去一样东西就代表这样东西不能再拥有了。完成后，要求他们再划去一样，直至剩下最后一样。<br>小组分享：网络对我而言为何重要，这些重要性真的是无法取代的吗？<br>每个组选择一个学生代表，在班级里介绍自己小组讨论的结果（约10分钟） | 帮助成员理解自己对网络依赖背后的需求和原因 |
| 教师讲解 | （1）造成网络、游戏依赖的原因；<br>（2）网络、游戏依赖的危害<br>（15分钟） | 结合学生的自我评估和讨论结果，进一步讲解相关研究结论 |
| 应激管理放松练习 | 坐在有靠背的椅子上，选择一个让身体感觉舒适的姿势。现在，请闭上你的双眼，调整好自己的呼吸，让呼吸平稳而顺畅。<br>（1）请将你的双手放平，然后用力握起拳头。感受你双手和前臂的紧张，保持这种紧张，1，2，3，4，5，很好，现在慢慢地松开你的拳头，放松你的手臂，体会这种渐渐放松的感觉；<br>（2）接下来双手握拳，并将前臂向肩部弯曲。拉紧你上臂的肌肉，请用心感觉这份紧张，保持，1，2，3，4，5，好，然后慢慢地放松，放松手臂，放于身体的两侧，体会这种放松的感觉；<br>（3）请将你的双肩向头部慢慢移动，向上耸起你的双肩，慢慢向耳部靠拢，感觉这种肌肉的紧张，1，2，3，4，5，慢慢地让肩部放松，恢复正常的姿势；<br>（4）接下来，皱起你的前额和眉头，感觉到眉头上的皱纹，并用力紧闭你的双眼，用心体验眼部肌肉向内拉紧的感觉。慢慢紧咬你的牙关，并将嘴角向后移动，感受到你面部肌肉的紧张，保持这种紧张，1，2，3，4，5，很好，慢慢地放松下来；<br>（5）接下来，继续将头向前、向下伸展，慢慢将你的下巴接触到前胸，并感受颈部肌肉的紧张，保持，1，2，3，4，5，很好，慢慢放松；<br>（6）下面请将你的背部向前弯曲，收起你的胸部和腹部，并感受背部的紧张状态，保持5~10秒，然后慢慢放松，注意背部紧张和放松的变化；<br>（7）请再深吸一口气，让空气充满你的胸腔，憋气5~10秒，感觉到整个胸部和腹部的肌肉的紧张状态，然后慢慢放松，并自然地呼出气体，感受到胸部、腹部放松的感觉； | 渐进放松法、肌肉放松法，是在心身医学或心理治疗及心理咨询中经常使用的技术，是被广泛专业认可的情绪和压力管理技术。对于一些网络、游戏依赖的人来说，可以放松他们的紧张和焦虑 |

续表

| 活动名称 | 活动过程 | 活动目标 |
|---|---|---|
| 应激管理放松练习 | （8）再深深吸一口气，慢慢呼出，慢慢绷紧腹部的肌肉，将腹部向后背方向收缩，感受这种紧张的感觉，持续5~10秒，然后慢慢放松腹部肌肉，注意紧张与放松的变化；<br>（9）继续将注意力集中到你的大腿，并伸直你的双腿，感觉大腿的紧张状态，持续5~10秒，然后慢慢放松，用心感受大腿的紧张与放松的变化；<br>（10）最后，请绷紧你的脚尖，绷紧你的小腿肌肉，就好像有东西牵引着你的脚尖，感受这种被牵拉与紧张的感觉1，2，3，4，5。然后慢慢地放松下来，用心感觉紧张和放松的变化。<br>这样，我们已经把全身几乎所有的肌肉群都放松了一遍。你现在应该可以感到自己身体上每一块肌肉的紧张与放松的感觉。你可以让你的意识继续在身体上慢慢地扫描，看看还有哪里没有完全放松下来，你就让它周围的肌肉再次慢慢收紧，保持5~10秒，然后放松。如此反复检查与练习，直到你全身的肌肉都达到一种非常舒适和松弛的状态。维持这种状态，并调整自己的呼吸，让呼吸变得很慢、很深，并倾听自己的心跳声。你可以在这种感觉中保持清醒，直到你满意为止<br>（约15分钟） | 渐进放松法、肌肉放松法，是在心身医学或心理治疗及心理咨询中经常使用的技术，是被广泛专业认可的情绪和压力管理技术。对于一些网络、游戏依赖的人来说，可以放松他们的紧张和焦虑 |
| 教师总结 | 建议学生在特别想上网、玩游戏的时候，先做一个放松练习，再想想如果不上网、不玩游戏，自己还有什么更有价值的事情替代<br>（约2分钟） | 鼓励学生课后练习放松训练技术，应对网络、游戏依赖产生的焦虑 |

## 3. 方案二

| 活动名称 | 活动过程 | 活动目标 |
|---|---|---|
| 自我评估 | （1）回顾最近三个月内，你玩游戏的频率如何（见下文附表1）。<br>（2）当家人强迫你停止玩游戏时，你的反应是_____<br>◆继续玩就当什么也没发生；<br>◆同意停下来；<br>◆拒绝；<br>◆谈判或者商量；<br>◆生气；<br>◆哭闹；<br>◆拍打；<br>◆其他（　　）<br>（5分钟） | 通过电子游戏使用情况的自我评估，引出游戏依赖的话题 |

续表

| 活动名称 | 活动过程 | 活动目标 |
| --- | --- | --- |
| 角色扮演游戏 | 班级全体"1，2"报数，数到1的同学先扮演家长，数到2的同学扮演"游戏迷"。模拟一次5分钟的亲子交流，家长想办法劝说"游戏迷"放弃游戏，"游戏迷"根据自己对游戏的理解做出反驳。<br>5分钟之后，角色互换，重新扮演家长和"游戏迷"的一次对话，同样5分钟。<br>活动结束后，学生在自己小组内讨论这个过程中自己的感受和启发<br>（约15分钟） | 通过角色扮演游戏，让学生能通过不同视角反思游戏对生活的影响 |
| 自动思维自我评估 | 请同学们在纸上画出下面的附表（见下文附表2），并想一想，每当自己玩手机、玩游戏、上网，但其实心情并不好的时候，自己都在想什么？是否可以有其他替代性的思维？<br>小组分享：网络、游戏、手机对我而言为何重要，这些行为真的是无法取代的吗？<br>每组选择一个代表，在班级中介绍自己小组讨论的结果<br>（约10分钟） | 帮助学生整理自己围绕玩手机、玩游戏和上网等行为产生负面情绪时的自动思维和替代性方案 |
| 教师讲解 | （1）手机、网络、游戏依赖的危害。<br>（2）识别不同的消极思维。<br>◆任意推断：无证据即得出不利的结论；<br>◆负最大化：赋予失败和不良事件更大的价值；<br>◆二分法思维：全或无，没有中间点；<br>◆个人化：高估不良事件和自己之间的关系；<br>◆选择性抽象：脱离背景，专注于不良细节；<br>◆绝对职责：始终按照"我必须""我应该"行事，从没有"我希望"或"这让我高兴"<br>（15分钟） | 结合学生的自我评估和讨论结果，进一步讲解相关研究结论 |
| 小小改变 | 小组内讨论，在接下来的一周，选择一天做一次改变尝试，例如，这一天里尝试不上网、不玩游戏，或者控制在特定的一个时间段。每个人在小组里说说自己的改变计划，小组成员一起相互监督，并相互鼓励<br>（约5分钟） | 通过行为尝试，聚焦改变，协助学生迈出改变的一小步 |

附表1

| 时间＼玩游戏的频率 | 从来不玩 | 很少玩 | 经常玩 | 总是玩 |
|---|---|---|---|---|
| 早晨 |  |  |  |  |
| 下午 |  |  |  |  |
| 晚上 |  |  |  |  |
| 深夜 |  |  |  |  |

附表2

| 条件 | 情绪 | 自动思维 | 替代思维 |
|---|---|---|---|
| 一个人在家 | 无聊、压力 | 我是一个无趣又无聊的人；我被人排斥 | 我也可以自我激励（运动）；有时候朋友不一定要天天联系 |

## 4. 方案三

| 活动名称 | 活动过程 | 活动目标 |
|---|---|---|
| 我和我的手机 | 　　用色布在地上摆出五个区域，分别代表除了接打电话以外，日常玩手机的最主要原因，请班上同学选择适合自己的区域站立。<br>（1）上网查找资料，查看新闻；<br>（2）娱乐（听歌、游戏、追剧等）；<br>（3）聊天；<br>（4）无聊，打发时间，没有特别原因；<br>（5）其他。<br>　　各个区域的学生彼此简单交流一下，然后教师选择每个区域一个代表发言，谈谈自己站在这个区域的理由是什么。<br>　　每个区域按照5~8人规模组成一个小组坐下<br>（10分钟） | 通过手机使用情况的自我评估，引出手机依赖的话题 |

续表

| 活动名称 | 活动过程 | 活动目标 |
|---|---|---|
| 情绪探索 | 教师引导，生活中，如果手机没电、没有网络或者忘记带手机在身边，你会做什么？<br>（1）什么都不想做；<br>（2）易怒；<br>（3）空虚；<br>（4）思想纠结；<br>（5）烦躁；<br>（6）手指敲击；<br>（7）急躁不安；<br>（8）心烦意乱；<br>（9）摔打东西；<br>（10）对别人表现出暴力；<br>（11）对自己表现出暴力。<br>学生在自己小组内分享自己的感受，并讨论是什么样的想法或者现实问题让自己围绕手机使用出现了这些问题<br>（约10分钟） | 通过情绪上的探索，帮助学生能进一步讨论手机依赖对生活的影响 |
| 教师讲解 | （1）手机依赖的表现；<br>（2）手机依赖的危害；<br>（3）手机依赖的原因<br>（约15分钟） | 帮助学生进一步了解手机对自己的影响，并探索背后的心理原因 |
| 自我鼓舞 | 研究发现，一些手机依赖的人往往在自我管理和社交层面存在消极思维和负面情绪，想一想生活中自己是不是有一些歪曲的、狭隘的态度，我们尝试一一挑战一下。用笔在纸上把自己想到的内容按照下面附表的样式写出来。鼓舞士气的话可以尽量多写几句。<br>写完之后，在小组内简单交流一下，注意不随意评价和批评别人<br>（10分钟） | 通过反思，挑战消极思维 |
| 教师总结 | 结合小组讨论中出现的疑问，教师进行解答和总结<br>（5分钟） | 进一步提炼问题，回应学生的困惑 |

专题七 认识心理疾病

## 附表

| 狭隘的态度的陈述 | 鼓舞士气的话语 |
| --- | --- |
| 是的，但是…… | 是就是是，后面没有但是！ |
| 我不能…… | 谁说的我不能，我现在就开始尝试！ |
| 我本来应该…… | 我没必要强迫自己，我可以接受现实。 |
| 我必须…… | 胡扯，我没必要做我不想做的事情！ |
| 要是……怎么办？ | 我没必要揣测生活，要接受现实！ |
| 我就是不聪明…… | 我已经够聪明了，这个只是我的借口！ |
| 太困难了…… | 这的确困难，但是我可以应付！ |

# 专题八

# 生命教育

## 一、生命教育的界定

生命教育的理念由美国学者杰·唐纳·华特士于1968年首次提出，同年他在美国创办了阿南达智慧生活学校，开始倡导生命教育的思想，并于1986年出版其代表作《生命教育：与孩子一同迎向人生挑战》，明确提出生命的学习是回归人的本质属性的最佳途径。他认为教育应将书本学习与生命体验融为一体，生命只是活着的一种历程，既然活着，不如活得好，让身、心、灵兼备的生命态度成为未来教育的新元素。而"生命教育"一词于1974年由澳大利亚的特德·诺夫斯提出，并于1979年在悉尼成立了生命教育中心，主要开展"预防药物滥用、暴力与艾滋病"的宣传推广工作，该中心目前已发展成为非政府组织（NGO）的一员，在英国、美国、中国香港、南非等许多国家和地区设有分支机构，数量达200余个。生命教育中心坚信，要让孩子们远离毒品、暴力与艾滋病，就必须有一个积极而正向的生命起点。

生命教育有广义与狭义两种：狭义的生命教育主要指对生命本身的关注，关注个人与他人的生命，进而扩展到对自然生命的关注；广义的生命教育不仅包括对生命的关注，而且包括对生存能力的培养和生命价值的理解提升。生命教育是一种全人教育，一种人本教育，在对人的生命本质的深刻思考基础上提出，符合人性的需要。我国学者从不同角度对生命教育的内涵进行了划分。

### 1. 生命教育是一种全人教育

中国台湾学者张振成认为，生命教育的内涵可从三个角度来思考：第一，从生物自然界的生命现象开启希望之光；第二，从社会文化的生活体验，激励服务人生，实现自我；第三，从精神心灵的启迪探索珍爱生命，发扬善性（张振成，2002）。

从事生命教育的肖敬认为生命教育是以生命为核心，以教育为手段，倡导认识生命、珍惜生命、尊重生命、爱护生命、超越生命的一种提升生命质量，获得生命价值的活动（肖敬，2007）。生命教育是依据生命发展的规律，有目的、有计划、有组织地引导学生正确认识人生的价值，理解生命与生活的真正意义，注重人文精神和人文素质的培养，关注生命的整体发展，使其充满生命活力，具有健全人格、鲜明个性和创造个性的过程（赵玉新、张亚琴、王才妹等，2006）。

### 2. 生命教育是一种道德教育

王学风认为，学校生命教育就是培养学生对社会及他人的爱心，使其在人格上获得全面发展（王学风，2002）。在生命的心理学层面，人的自我意识不仅包括肉体的自我意识，也包括对自己人格、尊严、品行等精神维度的意识，在社会层面上，道德关系是最基本、最核心的内容，所以从生命的构成层面来讲，道德融汇于生命的心理和社会层面，道德是内在于生命本身的（高德胜，2006）。

### 3. 生命教育是一种价值追求

肖川认为生命教育的内涵需要分层次加以理解，其中第一个层次就强调生命教育应该作为教育的价值追求（肖川，2006）。王北生等人认为关注生命、提升生命应成为生命教育新的价值取向（王北生，2007）。

#### 4. 生命教育是一种教育理念

生命是教育的逻辑起点、出发点和根基，是教育实践操作的物质前提，只有以人的整体生命作为教育的起点，才能真正实现教育的本质目的，也只有这样的教育才是本真的教育（余祖瑞，2011）。在任何学科的教育中，都应该贯穿生命教育的内容，渗透生命教育的理念。

## 二、生命特质和意义追寻

近年来，社会上的自杀及他杀事件频繁发生。

据国际预防自杀协会数据显示，全世界每年有大约70万人死于自杀。2019年，世界上每100个死去的人中就有1个是死于自杀（1.3%）。自杀者中除了精神病患者外，多数是由于生活中遭遇困境，难以承受而陷入危机状态，究其根本是人们对自身生命的漠视。此外，被频繁报道出的虐待小动物事件也显示出人们对弱势生命的摧残。所以，倡导生命教育，不仅是要人们珍惜自己的生命，还要尊重他人的生命，正确认识生命的意义，创造生命的价值。

生命是一种传承。生命经由父母代代传承，每个人都是家族中必不可少的一员，你的祖辈中的任何一个环节出了问题，都可能不会有现在的你。来到这个世界上的每个人，都是家族系统中非常强大的一分子，都是非常有力量的，否则早就被系统淘汰了。因此，我们的生命不仅仅属于我们自己，也是属于整个家族系统的。

生命是一场奢华的投资。一个孩子的健康成长需要依恋、爱和丰盛的关系，需要家长投入大量的精力、物力和财力。你的成长，离不开一个安全的环境、离不开他人的照顾和关怀。马斯洛的研究发现，生理需求、安全的需求、爱的需求、尊重的需求等，都属于匮乏性需求，也就是说，如果不得到基本满足，一个人就不会健康成长，更不太可能发展出高层次的审美、认知和自我实现需求。而这些需求的满足，需要有一个良好的成长环境，离不开很多人对你的照顾和社会关系。

生命还是一种倒计时。人一点点地长大、成熟，当然也会衰老、死亡，这是生命无法逃避的历程。关于衰老的基因多效性理论认为，一个基因同时拥有两种或多种效应。例如：一个促进男性睾丸激素分泌的基因，能够让男性在生命早期与其他男性的竞争中获得成功。但是睾丸激素的增加，在年老时增加了患前列腺癌的危险。因此，衰老和死亡可能是一种进化的选择。

生命具有可贵性、独特性、实践性、责任性、有限性五种特质。

生命的可贵性告诉我们，要学会敬畏生命、尊重生命。生命来之不易，活着是一切的基础，因此，一个人要学习如何有效地保存自己的生命，学会照顾自己的身体，热爱和珍惜自己及他人的生命存在。

生命的独特性告诉我们，要懂得接纳自己、发展长处。正如培根所言，"我们不能延长生命的长度，但是我们可以拓展生命的宽度"。超越才是生命的本质所在，要在不断超越自身的过程中去体现生命的真正价值，体验到生命存在的幸福感。

生命的责任性告诉我们，要学习探索意义、承担责任。我们的生命和父母、朋友，乃至社会都有着不可割裂的联系；生命需要不断地奋斗与超越，才能实现价值，体验到幸福。

生命的实践性告诉我们，要学会活在当下，实现价值。我们相信，人的生命都有巨大的发展潜能，相信人的生命都有自我实现的倾向。希望同学们都能尽可能地利用和发展自己的潜能，而这也是我们生命力量的本质所在。

生命的有限性告诉我们，要珍惜生命，有效利用。生命是有限的，我们必须抓紧每一分每一秒。不要把生命浪费在不值得的事情上，如何度过这短暂的一生才不会后悔，是需要每个人去认真体会和思考的。

在心理学领域，很多心理学家都对生命意义进行过探讨，最著名的生命意义理论由弗兰克尔提出。他确信人类需要生命意义，并且具有追寻意义的动机，会不断去发现其生命的意义与目的。如果人们不能感受到值得为之而活的意义，就会陷入存在空虚。这种存在空虚可能会产生三类问题。第一类问题是心灵性神经官能症，包括抑郁、攻击和成瘾。第二类问题是对权力、金钱和享乐的追求代替了对生命意义的追求。第三类问题是自杀，这也是存在空虚最严重的问题。

弗兰克尔认为，生命意义是指人们对自己生命中的目的、目标的认识和追求，即每个人的生命中都有一些独特的目的或者核心的目标，人们必须要有一个清晰的认识，知道自己将要做什么，并为实现自己的价值努力去做一些事情。弗兰克尔认为可以通过三种方式找到生命的意义：

第一种，创造的价值。指透过某种类型的活动实现个人的价值，即功绩或成就，也就是工作的意义。如：经由个人工作、嗜好、运动、服务、自我的付出或贡献、与他人所建立的关系等来发现生命的意义。弗洛姆在《爱的艺术》一书中提到，一个人能给予另一个人什么呢？他把自己的一切给予别人，把自己已有的最珍贵的东西给予别人，把自己的生命给予别人。这不意味着他为别人牺牲自己的生命，而是把自己身上存在的东西给予别人，把自己的快乐、兴趣、同情心、谅解、知识、幽默——把自己身上存在的所有的表情和表现给予别人。在他把自己的生命给予别人的时候，他也增加了别人的生命价值，丰富了别人的生活。通过提高自己的生存感，他也会提高别人的生存感。

第二种途径是经验的价值。这种价值是凭借对世界的接纳与感受实现的，即通过体验某种事物或经由体验某个人来发现生命的意义。如：欣赏艺术作品、投入大自然的怀抱、与人交谈、体验爱的感觉等。

第三种方式是态度的价值。人总会面对无法改变的命运，如罪恶感、死亡或痛苦的逼迫，这时可以决定采取什么样的态度来面对，这也是苦难的意义，是人类存在的最高价值所在。它包括个人所持的生活信念或价值观。

从意义的角度看，人类存在的特征其实是自我超越，而不是自我实现，人的特征是"追求意义"而不是"追求自己"。生命的真谛必须在世界中找寻，而非在人身上，人应该超越心理层次的限制而进入精神层次。人只有在超越自身时才能理解自己。人之所以为人，是因为能超越自身的局限，使自身的存在充满意义。

# 三、团体设计

## （一）团体理论

### 1. 死亡焦虑与心理健康

死亡焦虑是人类面临死亡威胁启动防御机制所产生的一种有意识或无意识的心理状态。有研究者在1984年指出了死亡焦虑的不同方面：同害怕疼痛、毁灭和身体的残缺一样，个体存在着对未知的焦虑、对自我灭绝的恐惧，害怕自己在走向死亡的过程中功能丧失，不得不依靠他人，无法忍受病痛的折磨，此外还有着对孤独的焦虑，对失去自己深爱的人的焦虑。

研究发现，死亡焦虑与年龄之间存在曲线关系，年轻人具有相对较高的死亡焦虑，到了中年期死亡焦虑程度最高，到了老年期又降到最低。老年人的死亡焦虑程度并非是一直持续下降的，而是在生命的最后十年保持基本稳定的水平。大多数的跨文化研究都发现，来自亚洲的被试者往往比来自欧美的对照组被试者能更好地控制其对死亡的焦虑。宗教信仰对死亡态度有较大的影响，具体会产生哪些影响与被试者对宗教的虔诚程度、对宗教的认同及对宗教教义的理解有密切联系。对宗教虔诚的人比那些不相信宗教的人更能接受死亡事实。

死亡焦虑的影响远远不只是针对死亡的结局，实际上它影响到生活的方方面面。吉尔伯格说："在身处险境时的不安全感后面，在懦弱和压抑感后面，永远潜伏着基本的死亡恐惧。它的存在经得起最缜密的推敲，它通过许多非直接的方式表明自己……没有人能够摆脱死亡恐惧……焦虑性神经症、光怪陆离的各种恐怖症、相当数量的抑郁性自杀和众多的精神分裂症，为无时不在的死亡恐惧提供了充分的证实。这种恐惧成了特定的精神病理学情境中各种主要冲突的必然成分……可以理所当然地认为，死亡恐惧永远存在于我们的精神活动之中。"

帕斯卡曾说："人只不过是一根芦苇，是自然界最脆弱的东西，但他是一根能思考的芦苇。"人类独有的反思生命和死亡的能力为自身增加了额外的存在焦虑。古德曼认为，存在性的死亡焦虑和对虚无的焦虑是最难克服的，大多数被人们用来试图消除惯有的分离——遗弃焦虑的防御结构，如否认现实、合理化、隔离等，并不能轻易地就成为抵御存在性死亡焦虑的保护屏障。为了应付对虚无的焦虑，人们求助于各种象征性不朽的方式：假定我们可以通过孕育后代得到永生（生物学的）；相信来生，相信灵魂不死，死亡仅仅是向存在的另一个不同空间的过渡（宗教和精神上的）；通过工作得到永生，相信因为我们的成就，我们将被永远记住（创造性的）；通过自然本身的存在得以永存，当我们死去，我们回归自然，生命生生不息，化为永恒（自然界的）；通过对一种制度或传统的认同获取永生之感，因为这种归属和认同使我们能够超越死亡（文化上的）。

"死"是每种生物的最终结局，是人类无法抗拒与躲避的宿命。存在的人必然死亡，生与死是生命的必然经验。但也许正因为人的思考能力，我们可以从"死"的阴影中走出，去创造更好的生活。现代人的科技智慧虽远高于古人，但由于传统宗教文化影响的衰微，加之人将主要精力放在了对"生"的享乐，无暇对"死"进行深度思考，因而在"死"的问题上产生了极大的困惑与恐惧。所以，我们不仅需要一种合理的人生观，还必须拥有正确的死亡观，以获得某种生死的大智慧，既提升生命的质量，获得幸福、顺畅、快乐的人生，同时也能够消解对死亡的心理恐惧，平抑死亡引发的悲痛与创伤，最终超越死亡。

**2. 生命态度与心理健康**

存在主义心理学家罗洛·梅认为，对死亡的觉察是我们热爱生命的源泉，否认死亡会导致真正的绝望。他引用神话隐喻指出"身为人，即使是痛苦，我们都要忍受"。当一个人已经没有东西可以再失去的时候，他会承担起生命对他的要求。因此最强烈的生命经验里头，往往伴随着最强烈的死亡经验。生命中的苦难会使我们停滞不前，但停顿时的空白确是必需的。生活中的痛苦、挫折、绝望、停滞与死亡，事实上反而蕴藏着巨大的潜在能量与生命力。一个人的存在感表现得越强烈，他的意志与决定就越有创造性和责任感，对自己命运的控制能力就越好。

然而自20世纪中期以来，人们所遭遇的最大问题是"空茫感"的问题。空茫感的来源，其实是人们失落与世界、他人、和自己沟通的途径，以及人们不知道自己置身于世界中的哪个角落。没有人知道自己真正想要什么，能做的似乎只有不断地逃离，空虚茫然的生命态度会威胁人类的健康，不知为何而活、找不到自己存在价值的人，同时也会迷失自己生命的方向。

从心理健康角度看，健康的生命是个人与自我、个人与他人、个人与环境以及个人与人类关系的和谐发展。作为一个健康的个体，人必须首先发展成为其原本的自我。如果人们无法活出原本的自我，无法活出自己，则无论他们多么想成为别人，都是做不到的。其次，人要与周遭相融：人们的互相依赖感会不断地在意识或无意识中出现——即使我们攻击和破坏这种人与人的相互依赖时也一样。罗洛·梅认为，个体与他所置身的世界事实上是一个整体，健康的人与社会整合，实际上也意味着与所处的世界合为一体。罗杰斯认为，人生活在关怀中，良性的人际关系会为当事人带来改变的可能，对他人提供爱与关怀的同时，自己也会获得喜悦和鼓舞，并且丰富个人的内在体验。最后，更高水平的健康还意味着人与人类整体或宇宙产生意义连接。超个人心理学的先驱马斯洛指出，人们在基本的五种人生需求——生理需求、安全需求、归属与爱的需求、尊重的需求、自我实现的需求之外，还有超越性的需求，这是一种更高级的精神性需求，人必须在一个更高的人类整体或人类与宇宙的关系的角度来反观人生，最终才能获得一种心灵和生命的解放。

## （二）团体目标

（1）引导成员自我探索、自我表露，学会在别人面前真诚。

（2）了解别人，协助成员体悟到彼此的不同，进而接纳、尊重别人。

（3）觉察死亡焦虑对自己的影响，探索自己的生命价值观。

（4）反思自己的幸福目标以及手段。

（5）练习获得心灵安宁幸福的有效行为与技巧。

## （三）注意事项

（1）每次团体选择一个小组长组织活动，做好预备工作。

（2）告诉学生在活动过程中可以按照自己的想法分享自己愿意分享的部分，而不是必须什么都说出来。

（3）强调小组内成员不要评价、批评和分析其他学生，对别人讲的故事要保密。

（4）每次活动结束后，指导教师要进行简短总结。

# 四、团体辅导实施

## （一）我的生命观

### 1. 目标

（1）探索死亡焦虑的影响。

（2）反思死亡背后的价值和意义。

## 2. 方案一

| 活动名称 | 活动过程 | 活动目标 |
|---|---|---|
| 宣讲案例 | 一位担任一家著名跨国企业亚洲区顾问的老人退休了，两个年轻人去拜访他。老人尽管已经年过六十，但精神矍铄，思维敏捷。他广博的知识和超前的思维让年轻人也自叹不如。老人善于预测经济形势，曾经很多次带企业摆脱可能爆发的危机。一个年轻人笑着请老人给他预测一下人生。老人问他想预测哪个方面，年轻人伸出手掌给老人看，说："很多人都说我的生命线很长，特别长寿，您看呢？"<br><br>老人看了一眼年轻人的手掌，反问道："你知道构成人体组织的最小单位是什么吗？"年轻人疑惑地说："是细胞吧？"老人说："不对。细胞并不是最小的单位，它是可以再分的。生物学家已经发现，构成人体组织最小的单位是 DNA，目前已经破解的 DNA 组合已达两亿，按照 DNA 的组合推算，人的寿命应该是 1200 岁。"<br><br>年轻人大吃一惊，不解地问："如果真是那样，为什么现实生活中却很少有人活到 100 岁呢？"<br><br>"因为生命有折损，我们每一天的日常行为都是对 DNA 的折损。我们说话、工作、吃饭、思维，每时每刻都在消耗着生命中的 DNA，这使我们的生命达不到生命应有的长度。"<br><br>"那就是说，如果我们什么也不做，一点儿也不消耗 DNA，我们就可以活到 1200 岁了？"<br><br>"理论上是这样的，但是现实中是无法实现的。因为我们不可能不消耗，活着就要消耗，吃饭、睡觉这些维持生命最基本的成本就是消耗。即使我们不工作，也不可能不消耗。"<br><br>年轻人被这番话惊呆了。原来维持现有的生命是以牺牲未来生命为代价的，活到 100 岁的人是以牺牲掉未来的 1100 岁的生命为代价的！这是多么昂贵的代价。<br><br>老人仍旧侃侃而谈："所以，按照消耗掉的 DNA 计算，那些著名的科学家取得成就是正常的，并不是因为他们特别伟大，其实我们也完全可以做到。我们没有做到，按说应该比他们消耗的 DNA 少许多，所以，我们应该活到 200 岁以上。"<br><br>"可是为什么我们并没有活那么久，甚至比他们活得更短？"年轻人更加疑惑。<br><br>"答案只有一个，那就是我们和他们消耗了同样多的 DNA，甚至我们消耗的更多，但是我们并没有把我们消耗的 DNA 投入有益的事业中去，而是用在了无谓的事情上，我们的生命就是这样被缩短了"<br><br>（约 3 分钟） | 热身活动，引发对"死亡"和生命意义的思考 |

续表

| 活动名称 | 活动过程 | 活动目标 |
| --- | --- | --- |
| 区域图 | 将教室分为四个区域，分别代表：<br>◆思考过死亡并有答案；<br>◆思考过死亡没有答案；<br>◆没有思考过；<br>◆其他选择。<br>教师询问：哪一个区域更符合你现在的情况，请选择站在那个区域。教师在每一组里选择一个代表，询问一下是因为什么选择了站在这里。<br>教师指导：请和你同一个区域里的同学们交流一下，你选择这个区域的原因<br>（约8分钟） | 可以让全班同学看到关于这个话题其他人的大致情况 |
| 二次分组 | 从第一个区域出发，用报数的方式将全班分为4~5个人一组的小组，例如每个报1的同学组成一组 | 通过二次分组，让拥有不同"死亡"思考的同学构成一组，相互学习 |
| 小组课堂讨论 | （1）你人生中第一次意识到死亡是什么时候；<br>（2）是什么让你意识到了死亡；<br>（3）你现在如何看待生命和死亡。<br>指导教师要强调，每个同学可以选择自己愿意说出的部分，在团体里分享，但是每个成员都要给其他人的分享给予反馈<br>（约20分钟） | |
| 小组分享 | （1）请每个成员分享在这个活动过程中，你有什么样的感受和发现，对于你自己有没有一些新的理解和感受；<br>（2）请每个小组选择一个代表，在班级里总结你小组今天的收获<br>（约10分钟） | 通过分享自己的感受，让小组成员直接更加彼此了解，并且看到彼此之间的相似和不同 |
| 教师总结 | （1）死亡是普遍和正常的；<br>（2）人人都有死亡焦虑；<br>（3）每个人都需要认真看待生命<br>（约4分钟） | 点明死亡焦虑的普遍性，以及对人的启发 |

## 3. 方案二

| 活动名称 | 活动过程 | 活动目标 |
| --- | --- | --- |
| 热身活动：刮风下雨 | 游戏规则：搓手——微风；轻拍手掌——小雨；用力鼓掌——大雨；可以边跺脚边鼓掌——狂风暴雨<br>（约5分钟） | 热身活动，让学生注意力集中 |

续表

| 活动名称 | 活动过程 | 活动目标 |
|---|---|---|
| 绘制生命的轴线 | 在黑板上画出一个生命数轴，以年龄为单位，从1到100岁，询问学生，在你的生命数轴里，有没有一些你人生中最应该去做、最有必要做、最值得做的事情？<br>请在白纸上绘制自己的生命轴线，并选择重要的10件事写下来。这10件事应该是你经过思考后发自内心认为是最值得做的。你想好后，请用简短的语言快速地写下来。写的文字自己能看懂就可以了，不需要告诉别人（播放音乐，请学生动笔完成） | 通过探索生命的轴线，理解人生风雨相伴，引发人生思考 |
| 小组内分享 | 绘制完毕以后，请各个成员在小组内进行讲述，并说出未来希望的生命线方向。讲述的时候请其他成员用心聆听（15分钟） | |
| 生命倒计时 | 教师渲染：<br>受日益恶劣的环境威胁，你只能再拥有30年的生命了。生命缩短，你能做的事情也只剩8件了，请用笔把另外2件划掉。划掉的事情将永远不再有机会完成，即使是你十分不愿割舍的，也再不能实现了。<br>因为战乱的原因，你被迫还要舍弃将近20年的生命，从余下的8件事情中再减掉3件吧。请开始行动，划掉的事情今生将与你无缘了。<br>因为疾病的原因，你的生命只有1年的时间了。短短的1年中，你只能做好1件事情，请你把你无力去做的事情划掉。划掉意味着永远的舍弃。<br>因为灾难的不期而至，你的生命只有1天了，你已经无力再做任何事情了，请舍弃最后1件事情吧。这件事情的消失意味着，你什么事情都无法实现了 | 通过生命有限性的逼迫，让学生反思现在的生命价值；通过分享自己的感受，让小组成员加深彼此了解，并且看到彼此之间的相似和不同 |
| 小组分享 | "生命旅程中你曾有许多美好的愿望，可是现在它们都无法实现了，你愿意吗？你有什么感想呢？能跟大家分享吗？"请大家以小组方式讨论一下（15分钟） | |
| 小小改变 | 经过今天的活动，如果让你为你的生活做一点儿小小的改变，你会如何改变？请把它写在纸上，并在小组内分享（约6分钟） | 通过聚焦行为，撬动学生的成长 |
| 教师总结 | （1）生命是有限的；<br>（2）每个人的生命都不一样；<br>（3）人人都应该为自己的生命负责<br>（约4分钟） | 总结深化关于生命意义的主题 |

## 4. 方案三

| 活动名称 | 活动过程 | 活动目标 |
|---|---|---|
| 播放视频《生命之初》 | 本片讲述了从怀孕到婴儿出生的奇妙过程，大量采用了最先进的高清晰微观成像技术和三维数码合成技术，让我们重新体味生命诞生的意义。<br>让学生们小组里讨论一下观后感，并回答一个问题：生命对你而言是什么？<br>（15分钟） | 了解人类生命诞生的科学知识，并引发生命伟大的共鸣 |
| 观看关于安全教育的视频 | 小组讨论，如果发生了威胁个人生命的大规模灾难，你会怎么看，会怎么做<br>（15分钟） | 了解生命的脆弱性，开展生命安全教育 |
| 遗愿清单 | 假如未来还有一年，你就要离开这个世界，那么在这一年里你最想做的事情是什么，把它们写在纸上，然后在小组里自由讨论。<br>小组讨论：怎么看待死亡。<br>每个小组选一个代表在班级总结发言<br>（10分钟） | 乐观面对死亡，活在当下，珍惜生命 |
| 正念训练（身体扫描） | 首先放松身体，开始几分钟专注于呼吸，注意每一次呼吸时腹部的起伏。<br>接下来，请将自己的注意力集中在自己身体和座椅及地面的接触面上，感受自己的变化。先把对呼吸的专注放在一边，感觉自己身体在重力作用下被支撑物托住的感受。<br>当获得自己身体的空间感觉后，将注意力集中在一只脚的脚趾上，感受来自脚趾的感觉，是紧张还是松弛，是冷还是热？以充满好奇的态度全身心专注于这一系列短暂的细微感受，虽然有时候我们感受到他们是孤立的，你可以尝试去把它们串在一起。如果在此期间发现自己被吸引到其他感受时，请将自己轻轻地拉回到对脚趾的专注上，直到有一种完全的专注状态。<br>接下来以同样的方式将注意力集中在另外一只脚的脚趾上，做同样的练习。在你准备将专注力移至其他部位之前，请将专注力在脚底部位做少许时间停留，认真体会这个部位的各种感受。<br>就这样继续将"观想"过程进行下去，依次到小腿、膝部、大腿、腹股沟部、腹部、胸部以及颈部等<br>（5分钟） | 通过身体扫描正念训练，觉察自己生命的律动，体会生命当下的力量 |
| 教师总结 | （1）生死无常，学会珍惜身边的人和事；<br>（2）生命来之不易，学会保护自己的生命；<br>（3）人生苦短，学会活在当下<br>（5分钟） | 通过总结深化主题 |

## （二）生命价值

### 1. 目标

（1）探索生命带来的感动。

（2）反思生命的价值和意义。

### 2. 方案一

| 活动名称 | 活动过程 | 活动目标 |
| --- | --- | --- |
| 儿歌对对碰 | 每个小组商量一首童年的儿歌，全组一起唱出来（只唱2~4句），让其他小组猜这个歌曲的歌名是什么<br>（10分钟） | 热身活动，激发小组回忆童年乐趣，让成员放松的同时，引发对童年生命快乐的回忆 |
| 时空金字塔 | 在一张画有三角形的金字塔中，逐个在教师带领下探索自己的过去、未来和现在。<br>过去：团体带领者引导放松冥想，带领成员回到童年，让学员们回忆一个童年幸福的场景，把这个场景画在金字塔的底部。<br>然后小组内分享，是什么原因让你觉得那个场景下自己是快乐幸福的<br>（10分钟） | 通过回忆生命中的珍贵记忆，探索自己内心真正重要的感受 |
|  | 未来：想象自己已经走到生命的最后一年，回顾自己的一生，你最遗憾的事情可能是什么，你最庆幸的事情可能是什么？把它们画在金字塔的顶端。<br>小组内分享一下，看看自己生命中可能会有哪些遗憾和庆幸，为什么？<br>（10分钟） | 通过对未来遗憾的设想，探索自己生命中真正在意的部分 |
|  | 现在：如果我们不想让自己的生命留下遗憾，如果让你在现在的生活中做一点儿小小的改变，它会是什么？请你在金字塔中间的空白处写下这个人生的小小改变。<br>在小组里分享一下，请小组成员彼此支持和鼓励<br>（15分钟） | 通过生命价值重估，回到现在，立足改变 |
| 教师总结 | （1）讲解意义治疗的基本概念和理论；<br>（2）强调保密原则<br>（约4分钟） | 总结深化关于价值观的课程内容 |

### 3. 方案二

| 活动名称 | 活动过程 | 活动目标 |
|---|---|---|
| 松鼠游戏 | 三人一组，两人扮大树，面对对方，伸出双手搭成一个圆圈；一人扮松鼠，并站在圆圈中间；教师或其他没成对的学生担任临时人员。<br>教师喊"松鼠"，大树不动，扮演松鼠的人就必须离开原来的大树，重新选择其他的大树；教师或临时人员就临时扮演松鼠并插到大树中，落单的人算输。<br>教师喊"大树"，松鼠不动，扮演大树的人就必须离开原先的同伴重新组合成一对大树，并圈住松鼠，教师或临时人员就临时扮演大树，落单的人算输。<br>教师喊"地震"，扮演大树和松鼠的人全部打散并重新组合，扮演大树的人也可扮演松鼠，松鼠也可扮演大树，教师或其他没成对的人亦插入队伍当中，落单的人算输<br>（5分钟） | 热身活动，激发小组乐趣，让成员放松 |
| 人生奇迹 | 教师引导，现在有一个奇迹要发生了，明天早上醒来的时候，你的生活会有重要的变化。<br>（1）假如你突然得到一大笔钱，一辈子都花不完，你最想马上就做的5件事是什么？<br>（2）假如你不需要为其他任何人承担责任，不需要为任何人做什么，你准备怎么活？<br>注意：所设想的事情必须具有可实现性<br>（15分钟） | 反思自己真正想要的生活是什么 |
| 迈出人生一小步 | 教师询问：经历了这次奇迹考验，你有什么觉察和反思，请在小组里简单分享。<br>现在回到现实，如果让你从明天开始做一个小小的改变，你可能会改变什么？<br>（约6分钟） | 通过聚焦行为，撬动学生的成长 |
| 教师总结 | （1）讲解实现人生意义的途径；<br>（2）强调人生改变的重要性；<br>（3）如何活在当下<br>（约4分钟） | 总结深化关于价值观的课程内容 |

## （三）寻找幸福

### 1. 目标

（1）探索幸福心理的影响要素。

（2）找到一把开启自己幸福的钥匙。

## 2. 方案一

| 活动名称 | 活动过程 | 活动目标 |
|---|---|---|
| 幸福光谱图 | 从教室的讲台一侧到教室最后，想象一条光谱图，讲台的一侧是最幸福的，最后的一侧是不那么幸福的，你会选择站在哪个位置呢？教师提醒：这里所说的幸福是一种主观评价，每个人根据自己当下的感受选择自己认为合适的位置，不去比较和评论他人<br>（5分钟） | 激发学生对幸福话题的兴趣，同时让学生们直观彼此对幸福的主观体验差异 |
| 分享 | 分别选取光谱图不同位置，请学生自愿进行分享，为什么选择站在这个位置（在自愿举手分享的基础上，教师可以选择采访头、尾、中间的几个学生，询问他们选择这个位置的理由是什么） | 了解这个团体中不同人的幸福体验，并引起团体共鸣 |
| 调整位置分组 | 教师询问：听了这几位同学的分享，有没有同学想要挪动一下位置呢？如果有的话，现在可以给大家一个重新选择的机会，选择你自己想站的位置（选择一两个换了位置的同学，采访一下原因）。<br>分组：通过1至6报数，每6人一组<br>（10分钟） | |
| 我的幸福之源 | 在白纸上画一朵五瓣的花朵。在每一个花瓣上写下曾经让自己感到非常幸福的一件事。<br>选择其中一件事在小组内分享<br>（10分钟） | 帮助学生进一步了解自己和他人的幸福感 |
| 小组讨论 | 你觉得幸福需要什么条件？<br>（10分钟） | 进一步探索自己幸福感的来源 |
| 教师总结 | 通过总结前面的讨论，引导学生思考如何让大学生活更加幸福<br>（15分钟） | 讲授教学内容 |

## 3. 方案二

| 活动名称 | 活动过程 | 活动目标 |
|---|---|---|
| 寻找幸福的人 | 每个同学选择小组里面一位你认为比较幸福的同学，在纸上写下你觉得他/她幸福的理由。<br>所有人写完后，把纸放在小组里，大家一起猜猜看，纸上写着的这个人是小组里的哪些同学<br>（10分钟） | 激发学生对幸福话题的兴趣，同时让学生们直观了解彼此对幸福的主观体验差异 |

续表

| 活动名称 | 活动过程 | 活动目标 |
| --- | --- | --- |
| 幸福感小测试 | 检视自己的现状，是否同意以下叙述（0分—不赞成；1分—有点不赞成；2分—不确定；3分—有点赞成；4分—非常赞成）：<br>（1）我的人生在许多方面都接近我的理想；<br>（2）我的生活状况很好；<br>（3）我满意我的生活；<br>（4）到目前为止，我已获得人生想要的重要东西；<br>（5）如果人生可以重来，我几乎不会想做任何改变。<br>做完后在小组里交流一下，看看这个过程中有什么察觉和发现？（要强调分数本身没有绝对的意义，只是帮助自我反思）<br>（10分钟） | 了解这个团体中不同人的幸福体验，并引起团体共鸣 |
| 追逐幸福 | 为了让自己成为更幸福的人，对你来说，现在这个阶段最想做的事情是什么？最应该做的事情又是什么？<br>在背景音乐下，在白纸上画出这些想法。<br>选择其中想要分享的部分在小组内分享<br>（15分钟） | 帮助学生进一步了解自己和他人的幸福感 |
| 教师总结 | （1）如何看待幸福的差异性、主观性；<br>（2）怎样获得幸福<br>（15分钟） | 讲授教学内容 |

## 4. 方案三

| 活动名称 | 活动过程 | 活动目标 |
| --- | --- | --- |
| 导入课程 | 以《奔向2020的幸福"密码"》视频导入课程内容，由国家之"大幸"转向个人之"小幸"，并询问"幸福是什么"（鼓励同学们自愿举手分享自己的想法，但是不进行对错评价）<br>（5分钟） | 激发学生对幸福话题的兴趣，自我归纳幸福的含义 |
| 破译幸福密码 | 请每位同学在纸上于5分钟内写下20个影响幸福的因素（教师提醒：请每位同学保持安静，回答没有对错之分，只需要写下自己能想到的内容即可，不要交头接耳，也不要与他人进行比较或予以置评，时间到达5分钟后会有提示音响起）<br>请把小组内所有关于幸福影响因素的回答搜集起来，然后分类，看看大家心中的幸福影响因素集中在哪些方面。<br>教师讲解：心理学中关于幸福的研究所发现的幸福的主要影响因素有哪些？<br>（20分钟） | 目的：引导学生反思幸福的影响因素有哪些 |

续表

| 活动名称 | 活动过程 | 活动目标 |
| --- | --- | --- |
| 幸福小改变 | 教师提问：现在的你觉得自己幸福吗？是什么让你觉得幸福或者不幸福？如果之前或现在你觉得不幸福，又是什么因素导致的呢？如果说你在生活中做一点儿小小的改变就能增加你的幸福感，你会做什么？<br>请在小组里面讨论一下这个改变，一定要落实到很具体的行动方面，并且这个行动一定是容易在目前做到的改变。例如：每天早上起床后对着镜子微笑<br>（20分钟） | 帮助学生进一步探索行动改变 |
| 教师总结 | （1）如何看待幸福的差异性、主观性；<br>（2）怎样获得幸福<br>（10分钟） | 强化教学内容和改变 |

# 参考文献

[1] 曹广辉. 职业生涯规划与择业 [M]. 北京: 高等教育出版社, 2005.

[2] 陈秋燕. 大学生心理健康教育 [M]. 北京: 北京师范大学出版社, 2015.

[3] 陈月萍. 大学生生命教育综述 [J]. 承德民族师专学报, 2009 (1).

[4] 樊富珉. 团体心理咨询 [M]. 北京: 高等教育出版社, 2015.

[5] 樊富珉, 张天舒. 自杀及其预防与干预研究 [M]. 北京: 清华大学出版社, 2000.

[6] 何瑾, 樊富珉. 团体辅导提高贫困大学生心理健康水平的效果研究——基于积极心理学的理论 [J]. 中国临床心理学杂志, 2010, 18 (3).

[7] 黄沁茗. 大学生人格发展阶段特征及心理问题 [J]. 当代青年研究, 2006 (10).

[8] 黄希庭, 郑涌, 李宏翰. 学生健全人格养成教育的心理学观点 [J]. 广西师范大学学报: 哲学社会科学版, 2006, 42 (3).

[9] 金树人. 生涯咨询与辅导 [M]. 北京: 高等教育出版社, 2007.

[10] 李波, 赵岩峰. 青春期学生性心理发展特点及引导策略 [J]. 哈尔滨学院学报, 2005 (05).

[11] 李高峰. 国内生命教育研究书评 [J]. 河北师范大学学报, 2009 (6).

[12] 李闻戈. 对大学生自我接纳的现状及特点的研究 [J]. 宁夏大学学报 (人文社会科学版), 2002, 24 (1).

[13] 林甲针. 青春期困惑与团体辅导 [M]. 福州: 福建教育出版社, 2013.

[14] 林榕, 邹振操. 国内大学生团体辅导研究现状与进展——基于CNKI

（1999—2017年）文献分析[J]. 长春教育学院学报, 2018, 34（2）.

[15] 刘翔平. 寻找生命的意义：弗兰克尔的意义治疗学说[M]. 武汉：湖北教育出版社, 2000.

[16] 刘衍勇, 周晓阳. 中国传统文化中的死亡观及其现代意义[J]. 船山学刊, 2008（1）.

[17] 卢斯亚尼. 自我训练：改变焦虑和抑郁的习惯[M]. 曾早垒译. 重庆：重庆大学出版社, 2008.

[18] 卢西亚·罗莫, 斯蒂芬妮·比乌拉克, 劳伦斯·科恩. 青少年电子游戏与网络成瘾[M]. 葛金玲译. 上海：上海社会科学院出版社, 2016.

[19] 罗伯特·斯莱文, 教育心理学[M]. 姚梅林, 等译. 北京：人民邮电出版社, 2004.

[20] 罗小兰. 中国当代大学生自我评价偏差与心理健康[J]. 山西大学学报（哲社版）, 2005, 28（1）.

[21] 吕建国. 基于认知建构主义理论的自我成长团体模型[J]. 西华大学学报（哲学社会科学版）, 2004（1）.

[22] 潘绥铭, 黄盈盈. 性社会学[M]. 北京：中国人民大学出版社, 2011.

[23] 曲振国. 大学生就业指导与职业生涯规划[M]. 北京：清华大学出版社, 2008.

[24] 王建平, 张宁, 王玉龙. 变态心理学[M]. 北京：中国人民大学出版社, 2013.

[25] 王永春, 任慧娟. 大学生性心理健康水平与性观念的调查研究[C]. 中国心理学会. 心理学与创新能力提升——第十六届全国心理学学术会议论文集. 中国心理学会, 2013.

[26] 王祖莉, 初铭铜. 大学生心理健康教育（修订版）[M]. 北京：科学出版社, 2009.

[27] 杨琴, 蔡太生. 团体心理干预对大学生自我效能、自我接纳影响的研究[J]. 中国临床心理学杂志, 2012, 20（5）.

[28] 张春兴. 张氏心理学辞典[M]. 上海：上海辞书出版社, 1992.

[29] 钟谷兰, 杨开. 大学生职业生涯发展与规划[M]. 上海：华东师范大学出版社, 2008.